UN PEUPLE DE BARBARES
EN TERRITOIRE FRANÇAIS

DEUX ANS DE SÉJOUR

EN

PETITE KABILIE

PAR

JEAN LE ROY

JUGE AU TRIBUNAL DE LA SEINE

Ancien Juge d'Instruction à Bougie.

PARIS

AUGUSTIN CHALLAMEL, ÉDITEUR

17, rue Jacob.

1911

DEUX ANS DE SÉJOUR

EN

PETITE KABILIE

UN PEUPLE DE BARBARES
EN TERRITOIRE FRANÇAIS

DEUX ANS DE SÉJOUR

EN

PETITE KABILIE

PAR

JEAN LE ROY
JUGE AU TRIBUNAL DE LA SEINE
Ancien Juge d'Instruction à Bougie.

PARIS
AUGUSTIN CHALLAMEL, ÉDITEUR
17, rue Jacob.

—

1911

Un Peuple de Barbares
en Territoire Français

Ce n'est pas un bien grand peuple. Il a beaucoup multiplié, depuis que nous l'avons conquis. Pourtant, il n'atteint pas encore un million d'hommes. Mais il est très intéressant. Bien que devenu musulman depuis des siècles, il est resté original. L'Islam malgré sa puissance d'assimilation n'a pas effacé les traits de son caractère; il n'a pas courbé ce peuple sous le niveau auquel il réduit ceux qu'il conquiert; il n'a pas réussi à lui imposer la langue arabe; signe incontestable d'indépendance, les Kabiles ont conservé leur idiôme original, dont les sources sont inconnues, qui ne ressemble à aucun autre. Aussi bien, ceux d'entre eux qui ont un peu d'instruction, disent-ils qu'ils n'ont jamais été soumis par les soldats du Prophète; ils affirment qu'ils ont embrassé la religion musulmane de leur plein gré, qu'ils l'ont consentie, et non pas subie. Ils ont la prétention de faire dériver leur nom de Kabiles d'un mot, ou, pour mieux dire d'une racine de la langue arabe qui veut dire : « accepter »; ils auraient pris eux-mêmes ce nom de Kabiles, pour bien marquer qu'ils avaient accepté volontairement l'Islamisme. Et dans l'abri de leurs rudes montagnes, droits et fiers, sans se courber sous la loi conquérante, ils ont admis cette loi seulement dans la mesure où cela leur a plu. Tandis que les peuples musulmans n'ont qu'un seul code, celui qu'ils tirent du Coran, les Kabiles ont une loi civile qui est distincte de la loi religieuse du Coran, qui ne s'appuie pas sur elle, qui n'en est pas l'interprétation ou l'émanation, qui la contredit même sur certains points des plus importants. Ils ont gardé cette loi à travers les siècles sans jamais la laisser faiblir. Les peuples musulmans nous apparaissent tous comme soumis politiquement à la volonté absolue d'un Maître : on dirait qu'ils offrent l'idéal de l'état despotique dans lequel tous sont sujets et tous les sujets sont les esclaves d'un seul; les Kabiles, quoique musulmans, ont toujours été et sont toujours restés libres et républicains; chez eux, aucun esclave; tous jouissent de la liberté; tous ont des droits égaux aussi bien au point de vue civil qu'au point de vue politique; aucun privilège, aucune caste aristocratique ou religieuse; bien plus même, pas un chef, pas une influence héréditaire; des institutions politiques qui semblent n'avoir qu'un seul but : empêcher que personne puisse commander, que personne ait à obéir; l'égalité la plus complète au sein de la liberté la plus absolue. Aussi comprend-on que tous ceux qui les ont vus d'un peu près se soient pris d'intérêt pour eux.

Il y a quelques années, les Kabiles étaient tout à fait en faveur dans l'opinion. Tous ceux qui s'occupaient de l'Algérie s'intéressaient particulièrement aux Kabiles.

Les Kabiles étaient prônés, vantés; on leur attribuait toutes les qualités qu'ils pouvaient avoir et toutes les vertus auxquelles peut-être ils ne prétendent pas.

Les écrivains les plus écoutés en ces matières n'hésitaient pas à affirmer que les Kabiles se rapprochaient de nous autres Européens, par les mœurs, les tendances, les facultés intellectuelles, la mentalité, comme on dit à présent. Il s'en fallait de peu qu'on ne trouvât chez les habitants du Djurjura et des Babors, des parents rapprochés, mais un peu longtemps oubliés de la nation française. Je crois me souvenir qu'un illustre historien français se plaisait à reconnaître que les habitants de la Kabilie ressemblaient par les traits de leurs visages aux paysans du plateau central de la France. Il n'y avait plus qu'à décréter qu'ils devaient jouir de tous les droits de citoyens français.

La vivacité de ces impressions semble maintenant bien calmée. Les questions algériennes sont étudiées et appréciées dans un autre esprit, et je le crois avec un sentiment plus pratique.

On ne parle plus des frères oubliés ou méconnus de la race française, on ne rêve plus leur assimilation. Il n'en reste pas moins intéressant d'étudier ce peuple original qui s'abrite depuis des siècles dans les repaires inaccessibles de l'Atlas.

Les ouvrages abondent sur la Kabilie et sur les Kabiles, mais il faut remarquer que tous, ou presque tous, ne parlent jamais que de la Grande Kabilie. L'ouvrage le plus complet, le seul méritant d'être classique qui ait été composé sur la Kabilie est celui de MM. Hannoteau et Letourneux; ces auteurs disent formellement que toute la Kabilie est comprise dans les limites de l'arrondissement de Tizi-Ouzou.

A peine, en les lisant, peut-on deviner, à quelques passages incidents qu'en dehors de ces limites, vivent de très nombreuses populations kabiles, parlant la même langue, ayant les mêmes mœurs et certainement aussi la même origine que les tribus de la Grande Kabilie. Celle-ci ne contient qu'une fraction de la race kabile, et à ne considérer uniquement que cette fraction, à négliger toutes les autres, on risque de concevoir une idée peu exacte de cette partie des questions algériennes.

Il est infiniment probable, en effet que les kabiles forment le fonds autochtone de l'universalité de la population algérienne.

Suivant toute vraisemblance, ils descendent des habitants primitifs du pays, ceux-là mêmes que les Carthaginois trouvèrent devant eux, que plus tard les Romains subjuguèrent, mais sans parvenir à les assimiler à la race latine comme ils firent des habitants de l'Espagne et de ceux des Gaules.

Le type purement sémitique, c'est-à-dire arabe, est exceptionnel en Algérie, même au sein des tribus qui parlent l'arabe et que nous considérons comme descendant des envahisseurs islamiques ; ce fait est universellement constaté.

Des populations nombreuses qui parlent l'arabe, ont les mœurs particulières, les passions, le type physique des Kabiles. Ceux-ci se retrouvent à l'état presque pur dans l'Aurès, dans les oasis du Sahara, dans certaines parties du littoral de la province d'Oran. Enfin, non seulement dans la Grande Kabilie, mais dans la Petite Kabilie, ils forment une population compacte qui a gardé, dans toute son intégrité, sa langue, ses coutumes, ses mœurs originales, en partie ses lois et jusqu'à l'époque de la conquête française, son indépendance indomptable. Ils constituent donc sans conteste l'élément ethnique le plus important de toute l'Algérie. On les retrouve au Maroc et dans la Berbérie tout entière. Les Sémites, les Grecs, les Romains, les Germains qui tour à tour ont dominé, cette pointe Nord-Ouest du massif continent africain, n'y ont pénétré et ne s'y sont établis qu'en qualité de soldats et de colons relativement peu nombreux. Ils y ont dominé, grâce à la supériorité de leur intelligence, de leur organisation ou ou de leur fanatisme ; mais sans doute, les populations autochtones qu'ils ont subjuguées, ont conservé toujours, l'avantage du nombre et de l'adaptation au milieu.

L'étude approfondie de la race kabile est donc très nécessaire à la connaissance des questions algériennes. La connaître exactement, ce serait avoir la clef de la plupart des problèmes qui se rapportent à l'état intérieur, à l'esprit, à la psychologie de nos sujets algériens. Pour cela, il faudrait approfondir non seulement les lois et les coutumes de ce peuple, mais aussi ses passions, son intelligence, son caractère. Or, à ne considérer comme on le fait d'ordinaire, que la Grande Kabilie, cette étude est faussée pour être incomplète et restreinte. On s'expose alors en effet à prendre les Kabiles comme formant un type exceptionnel, cantonné dans un petit coin du vaste pays, isolé en petit nombre au milieu d'une grande multitude. Cette vue n'est pas exacte. Aussi croyons-nous qu'il est indispensable de s'occuper aussi des Kabiles qui vivent en dehors de l'arrondissement de Tizi-Ouzou. Ce qui explique avec évidence que celui-ci soit le plus favorisé, c'est qu'il est tout proche d'Alger, point de départ et de retour de tous les voyageurs qui visitent notre Afrique et centre unique de la vie intellectuelle en Algérie. D'Alger, on voit le Djurjura, retraite si longtemps inaccessible de cette race de fauves, asile si fermé, si bien défendu, que dit-on, les Romains eux-mêmes n'y ont point assis leur domination ; ou du moins, ces conquérants exacts et durs, qui jamais ne se sont contentés de dominer pas à peu près, n'ont point laissé là de traces de leur séjour.

Les Arabes de la conquête islamique n'y ont point marqué le pied de leurs chevaux ; les Turcs ont essayé sans succès de l'entamer ; ils ont été repoussés à chaque entreprise. Les Français les premiers ont soumis ce pays et le peuple qui, de temps immémorial, l'habitait librement. Bien des Kabiles me l'ont dit avec une tristesse orgueilleuse qui contenait un hommage pour eux et pour nous.

Le Djurjura visité, on retourne à Alger, convaincu qu'on a vu le repaire ou subsiste toute la race ; mais la petite Kabilie, toute voisine contient 280.000 Kabiles, presqu'autant que la Grande ; et de ceux-là, jamais personne ne dit un mot. Ils sont trop loin, ils sont en dehors des routes coutumières. Leur pays est compris entre la mer au Nord et le plateau de Sétif au midi ; le chemin de fer d'Alger à Constantine passe à côté de lui, mais n'y pénètre pas. Quel voyageur se soucie de s'arrêter à Béni-Mansour ou à Bord-bou-Arréridj pour aller visiter les montagnes dont on voit les sommets tout abaissés comme des nuages incertains à l'extrême horizon?

Ce pays est fort beau cependant; moins frappant peut-être que la Grande Kabilie, il est plus varié en aspects, plus divers, par suite plus intéressant pour le touriste.

Le golfe de Bougie qui en forme le littoral, présente sans comparaison possible, le plus beau paysage et le plus grandiose qu'il y ait sur toutes les côtes de la Méditerranée. Là seulement, des montagnes dont les sommets atteignent 2.000 mètres, viennent baigner leur pied dans la mer. Le Chabet el Akhra (ravin de la mort, de la fin) égale les plus belles gorges des Pyrénées et surpasse infiniment les gorges de la Chiffa si réputées et que tous les touristes visitent aux environs d'Alger.

La race d'hommes qui habite ce pays est intelligente, énergique, ingénieuse. Elle a l'instinct d'indépendance, comme celle de la Grande Kabilie, mais son indépendance est moins rétive et moins âpre. Son abord semble moins fermé, tout comme son pays est moins fermé, moins rigoureusement limité que celui de la Grande Kabilie. Elle mérite de toutes façons qu'on s'intéresse à elle, qu'on l'étudie, qu'on la pénètre; autant du moins qu'il est possible à un Européen de notre temps de pénétrer un Africain barbare et de comprendre, comme on dit à présent, l'état d'âme de ce barbare.

Pendant plus de deux ans, j'ai habité ce pays; je me suis trouvé chaque jour en contact avec ses habitants, au milieu du conflit de leurs passions et de leurs intérêts. Peut-être la nature des rapports que j'ai eus avec eux ne m'a-t-elle pas donné toujours l'occasion de voir les plus beaux côtés de leur caractère. Cependant j'ai pu en surprendre au moins quelques traits essentiels; j'essaie ici de les retracer. Je ne voudrais pas faire un livre, mais simplement apporter la déposition d'un témoin, une sorte de procès-verbal de ce que j'ai vu, entendu, et compris. Je m'expose ainsi à dire souvent : « J'ai vu, on m'a dit, je sais ». Le moi est haïssable; mais il faut parfois l'excuser; un voyageur, un témoin est bien obligé de répéter sans cesse : « J'étais là, telle chose m'advint. »

Une Excursion en Petite Kabilie

Un voyage en Petite Kabilie est une entreprise à présent prompte et facile.

Le chemin de fer conduit commodément d'Alger à Bougie, au cœur du pays. On fait dans ce trajet le tour de toute la Grande Kabilie, qu'on voit pour ainsi parler du dehors.

Parti d'Alger, le train traverse la plaine fameuse de la Mitidja, tourne au Sud-Est et s'élève par une suite de courbes et de rampes jusqu'à Bouïra; à partir de cette station, on voit le massif des montagnes de la Grande Kabilie, juste au Nord. La voie ferrée suit alors une large vallée dont les eaux s'écoulent par la rivière de l'Oued-Sahel et vont se jeter près de Bougie dans la mer; au Sud, la vue est bornée par des hauteurs de faible relief; de l'autre côté se dressent tout d'un élan d'immenses rochers sombres et taillés à pic : c'est le Djurjura. Plusieurs sommets de cette chaîne dépassent 2.000 mètres; on y trouve de la neige dans quelques abris, durant toute l'année, même au temps des plus fortes chaleurs. Les

nuages s'amoncellent autour de ces cîmes menaçantes, et selon les jeux de la lumière, les grands rochers semblent tantôt gris, tantôt absolument noirs, mais toujours âpres, escarpés, d'aspect sombre et repoussant, repaires qui semblent préparés pour des êtres de proie, fauves, rapaces ou bandits.

La longue suite d'escarpements redoutables, semble cheminer en même temps que le train qui va lentement comme s'il hésitait à s'avancer dans ce pays barbare; l'œil et la pensée sont attirés et importunés à la fois: on néglige de regarder la vallée qui, du reste, offre peu d'intérêt : une terre jaunâtre, faite pour de maigres céréales, quelques oliviers, des caroubiers, des broussailles infécondes. Il fait très chaud dans cette vallée; les montagnes de la Kabilie interceptent les brises rafraîchissantes du Nord; le vent desséchant du Midi, arrive au contraire sans obstacle, se heurte contre le Djurjura et s'y refoule en tourbillons brûlants; les rayons du soleil se réfléchissent sur les surfaces des rochers qui les renvoient torrides; on est dans un four à réverbère.

A partir de Béni-Mansour, l'embranchement suit dans la direction du Nord-Est, la vallée de la Soummam jusqu'à la mer. On laisse à gauche le pic pointu de Lella-Kredidja et la voie s'engage entre deux lignes parallèles de montagnes d'altitude médiocre, celles de gauche qui se rattachent à la Grande Kabilie, plus élevées et d'un relief plus hautain que celles du côté droit. Passé la gorge étroite de Sidi-Aich, les sommets de Toudja donnent encore une impression peu rassurante; on dirait une longue rangée de géants noirs et peu accueillants; c'est l'asile d'une tribu turbulente, sans cesse agitée par les vendettas et par les meurtres. Du reste, la vallée est intéressante et belle, les montagnes d'apparence calcaire, sont plantées assez maigrement d'oliviers, de caroubiers et de frênes; entre les deux chaînes s'étend une plaine de largeur variable, le plus souvent développée jusqu'à deux ou trois kilomètres, quelquefois, à Sidi-Aich par exemple. resserrée à moins de 100 mètres de largeur. Dans le fond, coule d'un cours incertain et changeant une sorte de torrent ou de rivière, mais une vraie rivière africaine, moitié eau moitié sable et cailloux; à chaque orage, elle déplace son lit; quand il pleut un peu fort, elle déborde et dévaste ses rives.

Le train suit sans se presser le serpentement indéfini de cette eau douteuse. Le paysage est beau et original, surtout durant les mois d'été. Sous un ciel d'une pureté implacable, par un soleil sans pitié, les détails se détachent avec un relief presqu'effrayant. Tout le pays semble desséché, les moissons ont été enlevées, les chaumes, restés en terre, couvrent le sol jusqu'à l'horizon d'une teinte fauve; là-dessus, les arbres clairsemés font des taches noires; on dirait une peau de panthère, emblème parfait pour la terre africaine. Pas de demi-teintes, pas d'éloignement dans la perspective; l'air sec et transparent rapproche tout; on croit qu'on va toucher de la main telle maison éloignée d'une lieue. En hiver, au printemps, le paysage n'a pas le même aspect; l'air est plus humide, il y a moins de clarté, la lumière est presque celle que nous connaissons dans nos pays, la terre est couverte de verdure, on se sent plus proche de la France.

La vallée est colonisée; elle contient plusieurs établissements français, fermes et villages. Autour d'eux, le pays est d'apparence cultivée; les plantations de vigne, étendues, bien soignées, nous ramènent à la civilisation; surtout on voit des arbres, nos compagnons bien-aimés des pays du Nord. De grands eucalyptus élèvent bien haut leurs têtes graciles et fléchissantes; autour de leurs troncs rougeâtres, leur écorce tombe en lambeaux; on dirait des Arabes demi-nus sous les haillons dont ils se drapent. A mesure qu'on avance vers Bougie, les arbres sont plus nombreux et plus vieux; les oliviers, grands, beaux, séculaires forment de véritables forêts; leurs troncs énormes, fissurés, cannelés, sont comme de gros piliers de vieilles cathédrales; les frênes, les ormes, les trembles, d'autres espèces familières, se multiplient; dans de grandes prairies très vertes, paissent de petits bœufs et des chevaux, maigres, efflanqués, mais ardents et de bonne race. Enfin juste au niveau du sol, on distingue une étendue d'un bleu grisâtre : c'est la Méditerranée; en face, au fond de prés semés d'arbres comme en un parc s'allonge un grand rocher isolé, de fier aspect, couvert d'un manteau de verdure sombre : c'est le Gouraya, la montagne sacrée, tombeau de je ne sais combien de Saints musulmans. Au bas, toute petite, la ville de Bougie, dont les maisons blanches semblent des cailloux roulés aux pieds du géant.

Le Gouraya est haut d'un plus de 700 mètres; il est long et aplati dans le sens de la hauteur, il a la forme d'un fer de hache posé à terre de façon que le tranchant menace le ciel. Sur ce tranchant qui forme la crête étroite de la montagne, court un sentier d'où la vue domine les deux versants, l'un tombant à pic dans la mer, l'autre à pic sur la plaine de Bougie. Vers le milieu du tranchant de la hache, il y a un petit plateau sur lequel on a construit un fortin.

Une route passable conduit jusque là; on arrive sans difficulté, ni fatigue. La vue est une des plus belles qu'on puisse trouver au monde; au Nord, la Méditerranée, d'un bleu sombre à reflets d'acier, au Sud et à l'Est, la Petite Kabilie tout entière.

La montagne de Toudja dresse sa double pyramide aussi régulière que si elle eut été taillée de main d'homme, la longue tranchée que creuse la vallée de la Soumman sépare nettement les massifs, puis, au Sud-Est et à l'Est, c'est la Kabilie des Babors un enchevêtrement inextricable de montagnes, hautes et basses, jetées, entassées, amoncelées sans plan, sans lignes distinctes; on dirait qu'un géant, ce doit être Atlas, s'est fait un jeu de lancer au hasard dans cet espace des montagnes qui sont tombées où elles ont pu. Les plus élevées baignent leur pied dans la mer. Elles encadrent le golfe de Bougie d'une double courbe qui a le dessin d'un arc antique. C'est, incontestablement, le plus beau et le plus grandiose spectacle qu'il y ait sur les côtes de la Méditerranée. Il est bien au dessus de certains autres qui sont plus connus et beaucoup plus vantés. Sur un des sommets qui atteint 2,000 mètres, on distingue, à grande distance, dans l'air étonnamment limpide, comme une rangée d'hommes de haute taille placés en sentinelles, immobiles, noirs et raides : ce sont des cèdres qui ont poussé là; frères peut-être de ceux du Liban dont un grand espace de mer chaude et bleue les sépare.

Cette nature est imposante et belle; elle n'est point aimable; de longues courbes, de hautes montagnes qui émergent d'un jet menaçant au-dessus de la mer, leurs flancs abrupts couverts d'une végétation dure et sombre, leurs sommets rocheux et stériles de couleur grise ou rougeâtre, caché derrière ce rempart inabordable dont la mer est le fossé, le pays qu'on devine, âpre et difficile; malgré la beauté du ciel et l'éclat de la lumière, tout cela est sombre, redoutable, barbare. C'est la terre africaine; elle est belle, mais les grâces ne l'ont pas touchée. L'intérieur du pays répond à ce qu'annonce son aspect extérieur. Pour y arriver, il n'y a qu'un seul chemin naturel, celui qui suit la vallée de la Soummam; à grand renfort de science et d'argent, les Français ont pratiqué une autre route, celle qui conduit de Sétif à Bougie, en passant par le Chabet el Akra (ravin de la mort); elle est admirable et traverse le pays le plus pittoresque de toute l'Algérie.

Une autre route mène de Bougie à Sétif par le village français de l'Oued Amizour. Les routes existantes et la voie ferrée passent à travers le pays, mais elles n'y font pas vraiment pénétrer; elles ne touchent à aucun des centres habités par les Kabiles. La contrée est extrêmement peuplée; les villages sont gros et nombreux; quelques-uns sont presque de petites villes, eu égard au chiffre de leurs habitants. Ils ne sont encore accessibles que par les vieux chemins kabiles dont les plus importants au point de vue stratégique ont été élargis et améliorés par les soins du génie militaire. Aucun de ces chemins n'est praticable pour les voitures; on ne peut y passer qu'à pied, ou à mulet. C'est donc une véritable expédition qu'un voyage au cœur de la Petite Kabilie. Bien entendu, on ne trouve dans les villages ni hôtel, ni auberge, ni quoique ce soit qui y ressemble; le confortable le plus élémentaire y est totalement inconnu. Il est curieux pourtant de visiter ce pays et même d'y séjourner quelque temps. Cela n'est pas impossible au prix d'un peu de fatigue et de quelques privations légères. La condition indispensable, c'est d'avoir des relations parmi les indigènes ou de se faire recommander aux plus importants parmi eux. On est alors certain de trouver l'hospitalité, et, si on est décidé à se passer de lit, à se contenter de la cuisine indigène, qui n'est nullement à mépriser, à ne trouver que de l'eau ou du lait pour boisson, à endurer patiemment la cohabitation avec des insectes d'espèces et de mœurs variées, mais tous désagréables, on ne peut pas manquer de revenir très satisfait de son expédition.

Dans tout le massif des Babors, les montagnes sont séparées par des vallons d'érosion, presque des ravins, profonds, enchevêtrés, sans issue visible, au fond desquels coule un torrent, à sec en été, impétueux en hiver ou quand un orage vient d'éclater; les vallons isolent les montagnes les unes des autres, en sorte qu'elles ressemblent à de véritables îles sans communication avec le reste du monde; au lieu que dans les autres pays, les cours d'eau sont les voies naturelles d'accès et de pénétration, ils forment ici les plus forts obstacles au passage. Leurs rives ravineuses sont inhabitées; la fièvre, sous la forme la plus dangereuse, y menace l'imprudent qui s'y attarde; la population est tout entière réfugiée sous les sommets. Les flancs des montagnes sont abrupts; à leur base, une végétation de broussailles, d'arbres rabougris, leur donne un aspect de sauvagerie stérile; à mesure qu'on s'élève, l'aspect se modifie; à mi-hauteur, le sol est cultivé avec soin, même avec un certain art. Des jardins d'oliviers, de figuiers d'abricotiers, de poiriers coupent les champs de blé d'orge ou de fèves. Tout à fait aux sommets, à des altitudes de 700, 800, 1.000 mètres, quelquefois plus, on découvre de grands villages populeux, isolés, chacun à part sur sa montagne et séparés des autres par toute la profondeur des vallons. Leur aspect extérieur vaut celui de bien des villages qui se trouvent dans certaines contrées montagneuses de l'Europe; souvent même, il vaut mieux. Les maisons sont en pierre, couvertes de tuiles; presque toutes sont grandes et semblent commodes; quelques-unes ont des fenêtres; celles-là sont toutes neuves; elles sont construites à l'imitation des maisons françaises par des propriétaires enrichis à Constantine ou à Alger. Nous en avons vu une qui avait un rez-de-chaussée, un étage et un balcon; c'était dans le village de Tamokra, où nous fîmes un petit séjour. Ce village est situé à 30 kilomètres environ à l'Est de la vallée de la Soummam. Il est établi comme tous les villages de la région sur un plateau de montagnes. Ce plateau lui-même se divise en plusieurs petits sommets très voisins les uns des autres et sur lesquels sont bâtis les différents quartiers. La population est nombreuse, environ 1.200 habitants; ils sont tous plus ou moins parents les uns des autres, car ils descendent ou croient descendre tous d'un marabout ou saint très célèbre dans le pays et nommé Sidi-Yahia. Ils lui doivent d'exister de toutes les façons : le saint a opéré jadis un miracle : du flanc de la montagne, il a fait jaillir une source abondante et intarissable; elle donne de l'eau, même au plus fort des chaleurs. Seulement le saint n'a fait qu'un miracle incomplet; l'eau de sa source n'est pas potable, elle ne peut servir qu'à l'arrosage et à la lessive. On ne s'explique pas que Sidi-Yahia n'ait pas mieux fait les choses et qu'il n'ait pas assuré de quoi boire à ses descendants.

La qualité de marabout, de saint, est héréditaire; tous les descendants d'un saint sont saints eux-mêmes à perpétuité. Les 1.200 habitants de Tamokra sont donc tous marabouts. Nous fûmes reçus par le plus qualifié d'entre eux, au point de vue de la sainteté; c'était, dit-on le, principal héritier de l'ancêtre commun. Nous trouvâmes un négociant riche, fort bien élevé, fort honorable de toutes manières et dont l'hospitalité fut parfaite. Sa maison se composait de plusieurs bâtiments entourant une cour; une pièce absolument indépendante du reste de l'habitation nous y était réservée; elle avait des murs blanchis proprement à la chaux et un sol cimenté; elle était éclairée et aérée par plusieurs petites ouvertures en forme de créneaux juxtaposés et placées au niveau du sol; cette disposition est fréquente dans les maisons kabiles; dans ce pays de soleil éclatant, elle permet d'éclairer la pièce sans qu'il y ait trop de lumière, et elle est particulièrement favorable à la ventilation; mais sa véritable raison d'être, c'est de faciliter singulièrement la défense de la maison en cas d'attaque : un homme à plat ventre, sur le plancher, peut facilement tirer par les créneaux, sans qu'on puisse le viser lui-même. Les vitres, volets ou autres fermetures, manquent absolument; aussi, la nuit, ne fait-il pas chaud dans ces chambres. Des nattes, des tapis, des couvertures, quelques coussins jetés à terre pouvaient à la rigueur simuler un lit, fort dur à la vérité. On nous servit des repas composés de crème aigre, de fromage blanc, de miel, d'œufs durs, de couscouss avec des poules bouillies et de la viande de mouton; des sortes de petites saucisses contenant un hachis de viande de bœuf extrêmement pimenté, des volailles avec des tomates; des pastèques, des poires, des dattes. En fait de pain, des galettes de farine. La chère était soignée, en l'honneur des hôtes, et véritablement, tout cela était très bon et très propre. Pour boisson, du lait ou de l'eau, celle-ci toujours très fraîche, bien que nous fussions au mois d'août et que chaque après-midi, il y eut plus de trente-cinq degrés de chaleur; une outre en peau de bouc, servait de réservoir; elle était suspendue dans le corridor qui suivait la porte d'entrée, et exposée là à un courant d'air vif et constant; l'eau était ainsi rafraîchie par l'évaporation produite à travers les pores du cuir. La vaisselle était rudimentaire, des plats en bois de frêne, des cuillers en bois au manche grossièrement sculpté, des vases de toutes formes en poterie, décorés de dessins en couleur, d'aspect primit , on buvait dans des gobelets faits d'alfa tressé et enduit de goudron pour le rendre imperméable; ce dernier objet est fabriqué par les Arabes des hauts-plateaux, tout le reste était purement kabile.

Notre hôte se piquait de nobles manières, et c'eut été lui faire injure que de lui offrir une rémunération ou même un cadeau. Tous les Kabiles n'ont pas autant de délicatesse.

Pour ne pas être en reste de grandeur d'âme, nous fîmes une offrande convenable à la Kouba ou chapelle de Sidi-Yahia, l'ancêtre de notre hôte et de tout le village.

Les Tolbas ou clercs, chargés du service religieux de la Kouba se mirent en ligne devant nous et récitèrent une sorte d'invocation ou de prière sur un ton de psalmodie originale et qui ne laissait pas d'être harmonieuse; du moins, nous le trouvâmes tel, et la raison sans doute, c'est qu'ils nous couvraient de louanges et appelaient sur nos têtes les bénédictions d'Allah.

Nous partîmes fort satisfaits de notre séjour à Tamokra, de l'hospitalité que nous y avons trouvée et des bénédictions qui avaient salué notre départ. Mais je ne sais pas si les habitants de ce pays ont autant de satisfaction à y demeurer que nous en eûmes à y passer quelques jours; la dignité religieuse qui circule dans leurs veines ne paraît pas avoir une grande influence ni très heureuse sur leur caractère : elle ne leur donne pas la mansuétude qu'on attend volontiers de personnages en communication plus ou moins directe avec le ciel; ils étaient à cette époque divisés en sept partis différents, qu'on appelle des çofs; ces partis sont constamment en lutte les uns contre les autres et se font réciproquement tout le mal qu'ils peuvent se faire. Tant de haine entre-t-elle dans l'âme des marabouts! Mais ce sont là les mœurs du pays. Tous les villages sont ainsi plus ou moins divisés. Chaque çof se concentre autant que possible dans un quartier spécial, et de cette façon s'explique que chaque petit piton qui se dresse sur le plateau

soit occupé par un groupe de maisons séparé des
autres : c'est la retraite d'un çof toujours en garde
contre ses voisins.

Dans ce pays kabile, la fragmentation, l'organisation des habitants en petits groupes méfiants
est un fait général et poussé aux conséquences
extrêmes de son application; les villages sont isolés, séparés par des vallées profondes; au cœur
des villages mêmes, l'isolement se manifeste
encore; chacun fait bande à part, se méfie et se
garde de son mieux. Cette race pacifiée superficiellement par la conquête française n'a pas oublié
l'époque encore toute récente, où la guerre était
l'état permanent du pays qu'elle habitait; alors
chaque village attaquait et pillait le village voisin;
dans ce même village, les partis se faisaient une
guerre de vendettas continuelle; nul n'était certain,
sorti le matin pour cultiver son champ, de rentrer
le soir vivant dans sa maison. On dit que quelques
tribus isolées sont restées dans cet état primitif,
celles des M'zalas, des Béni-Ksilas, par exemple.
Perchés dans des rochers inaccessibles, au bord
de la mer, isolés du reste du monde par leurs montagnes et par les eaux, les hommes de ces tribus
gardent l'âpreté farouche du caractère et la barbarie des ancêtres; là, chaque famille est l'ennemie
de toutes les autres; tous passent leur existence à
se garder, à se prémunir; ils sont toujours en fac-
tion, l'arme toute prête; beaucoup meurent de

mort violente après une vie d'alarmes passée dans les préparatifs de la lutte, de l'attaque ou de la défense. Nous autres, Européens, habitués au calme normal de nos sociétés, nous avons peine à concevoir que des races d'hommes tout entières puissent vivre, se propager, se perpétuer dans de pareilles conditions d'anarchie périlleuse. Cependant, ce fut là l'état de toute l'Europe pendant les longs siècles du moyen âge; alors aussi, la guerre de tous contre tous, la fragmentation en petites sociétés, l'isolement de chaque association d'hommes était la règle universelle. Dans une même ville les différents quartiers étaient ennemis. A Florence, un gentilhomme ne sortait qu'armé, accompagné de ses hommes d'armes, précédés d'éclaireurs qui sondaient le chemin à chaque tournant de rue; il vivait, la main constamment à la garde de son épée. La guerre est beaucoup plus qu'on ne croit, l'état normal de l'animal humain.

Et certes, si jamais pays fut propre à perpétuer la durée de cet état de guerre, c'est bien le pays kabile; tout y dispose les hommes à se diviser en petits groupes hostiles, rien n'y est fait pour les unir en agglomérations nombreuses et pacifiques. Les montagnes ne sont habitables que sur leurs sommets arrondis; les vallées, trop étroites, malsaines, fiévreuses ne permettent, ni l'habitation, ni la culture; aucun grand système orographique

qui puisse favoriser la concentration des habitants;
les montagnes sont séparées les unes des autres,
dressées en pics, en éperons, dans la confusion,
dans le désordre; elles semblent elles-mêmes
engagées dans une mêlée. Il résulte de cette configuration du sol que l'isolement a été l'état naturel
des habitants, chacun a été conduit à se cantonner
avec sa famille et son petit groupe et à tirer de
son côté. Ajoutez à cela les sentiments ordinaires
du barbare, la méfiance du prochain, la crainte du
joug, le besoin d'une sécurité au moins relative,
et vous vous expliquerez que cette race singulière
ait placé ses demeures tout en haut des montagnes
comme les milans et les faucons. Ailleurs, les
mêmes causes avaient produit les mêmes effets;
dans la Calabre, dans les Abruzzes et même plus
au Nord, en Toscane toutes ces petites villes nées
au moyen âge, sont perchées aux sommets des
rochers dans les sites les moins accessibles et souvent les plus incommodes. Mais le besoin le plus
urgent était la sécurité; la commodité, le bien-
être, ne viennent qu'ensuite; il faut vivre avant de
songer à bien vivre.

Tous les villages de la Petite Kabilie se ressemblent, ils ne diffèrent que par leur étendue et le
chiffre de leur population; en voir un, c'est tous
les voir. Les maisons n'ont le plus souvent, qu'un
rez-de-chaussée, quelquefois elles sont élevées
d'un étage, jamais de deux; mais alors ce sont des

maisons de riches, elles sont de construction toute récente, et elles ont été bâties à l'imitation des maisons de colons européens. La véritable maison kabile est d'un plan infiniment plus simple; c'est un carré long, généralement deux fois aussi long que large, ou à peu près. L'intérieur n'est pas divisé par des murailles ou des cloisons et paraît d'abord ne former qu'une seule pièce Mais le sol n'est pas au même niveau dans toute la pièce; sur la moitié ou le tiers environ de la longueur, il est surélevé d'un mètre à peu près; dans cette partie haute logent les membres de la famille, ils y dorment sur le sol battu ou sur des nattes, rarement sur un objet quelconque qui ressemble à un lit ou à une couchette; le long des murs on voit alignées d'énormes amphores toutes semblables à celles du modèle classique; on y conserve les provisions et les récoltes. Dans la partie du logis dont le sol est en contre-bas on remise le bétail, bœufs, vaches, chèvres, mulets, etc.; la maison est ainsi la retraite et l'abri commun de la famille et de toute la fortune mobilière de cette famille.

Ces maisons sont généralement groupées par deux, trois ou quatre autour d'une cour commune; chaque groupe en ce cas, est d'ordinaire occupé par de proches parents, frères ou cousins germains. Ces petits édifices sont rangés irrégulièrement le long de ruelles étroites et tortueuses, juste assez larges pour donner passage à un mulet chargé; ces ruelles sont assez malpropres; aucun entretien d'édilité, bien entendu. Les abords d'un village sont généralement mal odorants; on y déverse les immondices de toute nature. Quand on approche, on est reçu d'abord par les aboiements de chiens très inhospitaliers; ces animaux ont l'aspect de chiens loulous de forte taille; ils ont uniformément le poil jaune et blanc; ils sont criards et traîtres; ils s'approchent sournoisement en tournant derrière les gens qu'ils ne connaissent pas et ils cherchent à leur mordre les jambes. On les éloigne en leur lançant des pierres qui semblent leur causer une terreur mystique.

L'aspect intérieur du village est triste, les maisons prennent l'air et le jour sur la cour intérieure, dont elles sont toutes pourvues; la porte d'entrée en est strictement close. Cependant, l'arrivée du Roumi a été signalée de très loin, et tout le monde est curieux de le voir, les femmes surtout qui n'ont que des renseignements vagues sur cet être fabuleux. Elles se groupent pour le regarder de loin. A peine est-il passé, elles entrebaillent la porte pour jeter un coup d'œil furtif sur sa personne. S'approche-t-on du groupe, se retourne-t-on pour les regarder, elles se sauvent au plus vite. Ce n'est pas qu'elles soient inabordables et sauvages de leur naturel; oh non! bien au contraire; elles ne demanderaient qu'à s'apprivoiser; mais elles ont peur de leurs maris, de leurs pères ou de leurs frères et des corrections qu'une curiosité trop marquée pourrait bien attirer sur elles. Il y en a qui sont vraiment jolies, minces, sveltes, avec des physionomies avenantes, des visages gais, des traits fins et réguliers; quelques-unes nous paraissent aussi blanches que des européennes. Les hommes contiennent mieux leur curiosité; d'ailleurs, ils ont presque tous fait quelque voyage dans les centres français et ils savent à quoi s'en tenir sur le Roumi. Ils sont de bonne tenue, polis et saluent avec gravité. La plupart savent dire : « Bonjour Missiou », et ils ne manquent pas de le dire au passage. Le village traversé, on redescend dans un ravin, on gravit une autre côte, et on rencontre à une heure ou une heure et demie de là un autre village tout semblable; même position, même aspect, mêmes incidents. Dans la campagne, quelques hommes travaillent aux champs, les femmes grimpées sur des arbres coupent les pousses tendres des frênes qui serviront de fourrage au bétail, ou bien cueillent des figues ou des caroubes; un homme les surveille d'en bas. D'autres hommes sortent d'une cachette quelconque dans laquelle ils se sont postés; ils y restent en sentinelle; ils sur-veillent leurs récoltes et les gardent jour et nuit contre les voleurs. Tous les champs, tous les ver-gers sont ainsi gardés en Kabilie au moment des récoltes; sans cette précaution, le propriétaire aurait semé, et c'est le voleur qui récolterait.

Quelques Kabiles ingénieux se sont bâtis au sommet des arbres, des abris semblables à celui de Robinson ; ils demeurent là et surveillent d'en haut, leurs figues et leurs pastèques. Bien évidemment, ils ont tous des armes à feu, bien qu'il leur soit défendu d'en avoir et qu'ils ne les montrent point. A chaque instant, du reste, il y a en ce pays des gens tués ou blessés, soient en défendant leurs champs contre les maraudeurs, soit en allant eux-mêmes marauder dans les champs de leurs voisins. Tout indique ici le manque de sécurité et c'est peut-être le trait le plus frappant de ce pays ; aucun n'est mieux fait pour inspirer à ses habitants des goûts de rapine et de violence, pour les inciter aux surprises nocturnes, aux voies de fait, aux actes de brigandage ; tout dans la configuration du sol y favorise l'attaque imprévue, la retraite à l'abri des poursuites ; en cas d'insuccès, les asiles sont nombreux, sûrs, faciles à trouver. On s'explique que la race qui vit là depuis des siècles ait conservé des usages de guerre intestine, de maraude et de pillage et qu'elle les conserve encore malgré l'ordre superficiel auquel la conquête française l'a obligée de se ployer ; elle est habituée à cet état et c'est à peine si elle en peut concevoir un meilleur.

Ce qu'il y a de plus remarquable, ensuite dans l'aspect du pays kabile, c'est son caractère essentiellement rural, pour mieux dire encore, paysan. Rien dans la disposition des lieux habités, dans l'extérieur des hommes, ne révèle une différence de caste ou de niveau social entre eux. Parmi eux d'abord il n'y a pas d'oisifs; tous travaillent, ou du moins nul ne se croit d'un sang trop noble pour vivre sans rien faire et aucun ne se trouve déshonoré par un labeur quel qu'il soit. Donc pas de noblesse, pas de caste féodale, pas même de bourgeoisie : égalité complète de tous, si complète, qu'elle est même trop grande; non seulement, il n'y a pas de noblesse, mais il n'y a non plus aucune classe vivant en dehors des conditions du travail manuel, capable de réflexion, de culture intellectuelle, ayant le loisir de se renseigner, de s'instruire, de guider les autres et de les élever à sa suite. Les Kabiles ne sont pas tous uniquement occupés à la culture de la terre, mais en fait, ils restent tous paysans. Pauvres, ils cultivent péniblement le lopin de terre qui leur appartient ou servent un maître comme fermiers ou khammès; riches, ils continuent à travailler et à surveiller le travail de leurs fermiers et de leurs domestiques; maîtres et serviteurs se distinguent à peine les uns des autres. Ceux qui se font commerçants, et il y en a beaucoup, restent paysans encore par l'extérieur, par les habitudes, par les manières. Les riches ne se mettent pas mieux que les pauvres; ils sont aussi sales, aussi déguenillés; à les voir, on les croirait tous également misérables, et cependant, parmi ces déguenillés, il y en a de fort riches, non pas relativement mais absolument. Il y a maintenant des Kabiles qui sont millionnaires; ceux-là, l'apparence ne les distingue en rien des plus malheureux. Ce qui ne les en distingue pas surtout, c'est l'esprit, la façon de concevoir les choses, l'ouverture intellectuelle, en un mot; riches ou pauvres, ils sont tous au même niveau.

Cette égalité de tous dans l'infériorité saute aux yeux immédiatement; non seulement les hommes en témoignent, mais aussi les choses. Les champs sont morcelés à l'infini, autant et plus que dans les régions de la France où la propriété est la plus divisée; dans les villages, dans la campagne, rien qui ressemble à un château, à la demeure d'un homme ou d'une famille particulièrement riche, influent, en possession d'une force supérieure; pas un grand établissement, pas une seule manifestation de grande puissance individuelle ou collective. On n'a qu'à parcourir le pays pour voir qu'une sorte d'égalité jalouse y a rabaissé toutes les conditions jusqu'au niveau le plus inférieur. Et telle est en effet la situation de la société kabile; il semble que l'instinct même de la race s'oppose à toute concentration; fragmentée au point de vue politique, elle l'est aussi, et tout naturellement, au point de vue économique; chez elles, les forces ne s'unissent pas, n'aboutissent pas à un même point. La fortune ne peut pas se perpétuer, car les fils se partagent l'héritage de leur père, et de tout temps chez les Kabiles, comme chez nous depuis cent ans, la puissance économique est viagère. A cet état, qui a de graves inconvénients, bien des peuples, même dans un état de civilisation assez inférieure, savent remédier par l'association; mais les Kabiles n'ont jamais su, jusqu'à présent, associer leurs capitaux. Leur industrie est rudimentaire; elle se borne à la fabrication du petit nombre d'objets indispensables à un peuple dont les besoins sont extrêmement restreints. Cependant, il est une branche qui ne laisse pas que d'être importante, c'est la fabrication de l'huile d'olive. L'olivier abonde dans le pays ; il donne en quantité des fruits excellents et capables de fournir une huile de tous points égale à celle de Provence ou d'Italie. Dans presque tous les village de la Petite-Kabilie, on voit des moulins à huile ; ce sont des installations très primitives; ils sont construits en plein air, tous ceux du même village à côté les uns des autres ; une cuve en maçonnerie dans laquelle roule circulairement une meule emmanchée au centre d'une perche ; voilà tout l'appareil. Chaque moulin appartient à un propriétaire différent. Mais il y a des moulins, et beaucoup qui appartiennent indivisément à plusieurs. Voici comment se règle le droit de jouissance : à l'époque de la fabrication, chacun des propriétaires a droit de se servir du moulin à son tour, pendant un ou deux jours consécutifs. Son temps expiré, il ramasse ses produits et cède la place à un autre. J'ai vu certain moulin qui appartenait à sept individus ; chacun des sept en avait l'usage un jour de la semaine, travaillait pendant vingt-quatre heures, et s'en allait ensuite.

Il serait plus simple et plus profitable évidemment de broyer toutes les olives ensemble et de diviser ensuite le produit au prorata de ce que chacun aurait apporté. C'est là une opération qui ne dépasse nullement les facultés de calcul des kabiles. Mais ils se méfient trop les uns des autres, et à juste titre du reste, pour qu'une pareille association soit possible entre eux. Tout leur effort a été de s'unir pour construire le moulin et pour l'entretenir à frais communs ; ils n'ont pas pu aller plus loin. Chacun cueille ses fruits à lui, les manufacture lui-même et va lui-même vendre son huile sur le marché : c'est le bon moyen de n'être pas trompé.

Ainsi le même fait se reproduit en toutes choses, l'éparpillement est le caractère de la race et du pays.

Actuellement, sous notre domination, on remarque cependant un commencement de modification dans l'état économique des Kabiles; ils s'enrichissent; quelques-uns concentrent entre leurs mains de grosses fortunes. Ce fait était sans exemple avant la conquête française. Il y a un peu plus de quarante ans, lorsque MM. Hannoteau et Letourneux écrivaient leur ouvrage classique sur la Kabilie, ces deux auteurs, les seuls bien informés qui aient écrit sur ce pays, estimaient que les plus riches des Kabiles n'avaient pas plus de vingt à trente mille francs de capital. Aujourd'hui, beaucoup d'entre eux possèdent cent, deux cents, cinq cents mille francs, on dit même qu'il y en a de millionnaires. Et cela ne doit pas étonner, car la race a les qualités les plus remarquables; elle est sobre, active, ingénieuse, économe. La barbarie, l'état de guerre permanente inutilisaient toutes ces qualités; elles fructifient maintenant que nous avons établi là-bas la paix française.

Malgré cet état de guerre permanente dans laquelle le pays a vécu de tout temps avant nous, on n'y voit aucune espèce de fortification élevée par les indigènes. Les villages sont en général placés sur des positions défensives bien choisies, mais jamais entourés de murs ni de fossés ou d'ouvrages permanents de défense, comme on en voyait partout dans le monde de l'antiquité et dans celui de notre moyen âge. Cela paraît d'autant plus singulier que des peuples d'un niveau intellectuel inférieur à celui des Kabiles et vivant dans un état d'anarchie analogue au leur, entendaient fort bien l'art de la fortification : par exemple les Maouris de la Polynésie, particulièrement les habitants de la Nouvelle-Zélande, se construisaient des abris retranchés fort bien entendus. Mais il faut remarquer que ces peuples étaient hiérarchisés, divisés en castes sociales bien tranchées, avec une noblesse qui se prétendait d'origine divine et une plèbe très rabaissée; ils se composaient vraisemblablement de deux peuples superposés l'un à l'autre par la conquête. Chez les Kabiles, au contraire, il y a toujours eu l'égalité la plus absolue, et ils n'ont jamais subi de conquête, si ce n'est celle des Français. En outre, leur pays naturellement inaccessible ne pouvait être exposé aux excursions d'ennemis étrangers; si la guerre y régnait à l'état permanent, ce n'était qu'entre kabiles et les forces des partis divers se sont toujours si bien balancées chez eux, qu'aucune tribu n'a jamais réussi à établir sa supériorité sur les autres. L'existence des retraites fortifiées dans un pays indique que les habitants ont besoin de lieux de refuge contre les entreprises de leurs voisins ou bien qu'une minorité qui détient la prééminence sociale, se prémunit contre les soulèvements toujours possibles d'une plèbe nombreuse contenue par la force. Les murailles fortifiées sont alors la ligne de démarcation sensible et visible, accentuant la ligne idéale de séparation des classes. Tel fut au moyen âge le rôle des châteaux-forts où se renfermait la noblesse. Les villes libres aussi, se fortifiaient, établissant ainsi la supériorité de leur bourgeoisie sur les serfs habitants de hameaux sans défense. Mais contre des égaux, il est rare qu'on recherche une protection de ce genre. On ne parle pas qu'il y ait eu des forteresses en Germanie; les Écossais habitant des Hautes-Terres, les Gallois du moyen âge n'en avaient pas non plus, tandis que le reste de l'Écosse et de l'Angleterre en était tout couvert. C'est que les premiers de ces pays ne contenaient chacun qu'une seule race d'hommes, tandis que les autres en contenaient plusieurs, dont une dominant les autres par droit de conquête et se gardant contre les vaincus. Parmi les Kabiles, pas de noblesse campagnarde, pas de bourgeoisie privilégiée, se cantonnant dans l'enceinte d'une ville; aucune classe qui ait eu besoin de se retrancher contre le reste du peuple. Ils sont restés tous paysans et tous égaux.

Et cette égalité entre les individus, la configuration du pays l'a imposée également aux collectivités. Aucune tribu, aucun village n'a pu s'élever au-dessus des autres. Toutes ces montagnes dont elles occupent les sommets sont sensiblement de même étendue les unes que les autres; nulle part, dans ce pays il ne se trouve un endroit favorable au développement d'une grande agglomération. Pas un seul plateau étendu, pas une seule large vallée qui permette l'établissement d'une grande puissance, celle d'un homme, ou celle d'un peuple. Nulle part non plus un point que la nature indique pour être un lieu de réunion, de concentration; aucun qui soit plus favorable qu'un autre par ses commodités, par ses accès, pour servir d'emplacement à un grand marché ou bien à un centre économique; rien qui ait une force particulière d'attraction. Aussi, aucune tribu n'a-t-elle pu s'agrandir assez pour servir de centre à plusieurs autres, aucune n'a pu dominer; toutes sont restées également médiocres; et telle paraît être la loi naturelle de ce pays, égalité et médiocrité.

Aspect physique, Politesse
Aptitudes, Intelligence

Les Kabiles sont des gens qui sortent beaucoup
de chez eux. On les rencontre à chaque pas, sur
les chemins, dans la campagne; dans chaque
village il y a une place publique nommée ordinairement « djemaa »; on y voit toujours en perma-
nence un certain nombre d'oisifs; ils causent, discutent, ou se reposent. Il suffit donc de se prome-
ner dans le pays et de regarder les visages pour
se rendre compte du type général de la population.
Notons qu'ici, comme en tout pays musulman on
ne rencontre en fait de d'espèce féminine que des
petites filles non encore pubères, ou des vieilles
femmes tout à fait hors d'âge; mais des femmes à
proprement parler, on n'en voit que tout à fait par
hasard. C'est donc sur le sexe mâle seulement
qu'on peut juger de ce que sont les habitants.

Tous ceux qu'on rencontre ont ce qui se nomme

« un air de famille ». Mais il suffit d'un peu d'attention pour remarquer que chez aucun peuple, dans un territoire aussi restreint, on ne saurait trouver une pareille diversité de types et voir des individus plus différents les uns des autres au point de vue physique, que ceux qu'on rencontre dans la Petite-Kabylie. Il y en a de presque blonds avec des yeux bleus ou gris, et la peau blanche. Il y en a qui ressemblent à des nègres, avec un teint de suie et des cheveux crépus. Puis entre ces deux types extrêmes, tous les types intermédiaires qu'il est possible d'imaginer. Cependant les très-blonds et les très-bruns sont l'exception. Pris en masse, le naturel de la Petite-Kabilie est brun; mais il l'est moins que l'Espagnol du Midi, par exemple. La grande majorité des petits enfants, quand ils sont lavés, ce qui n'arrive pas souvent, sont presque aussi blancs de peau et aussi frais de teint, que les petits français des bords de la Loire. Devenus plus grands, ils sont, naturellement tannés par le soleil.

Les traits de leur visage rappellent ceux de toutes les races possibles et il est difficile de dégager de cette confusion un type général et prépondérant. Les traits sémitiques dont le modèle est donné par les figures juives et assyriennes sont tout à fait exceptionnels en Kabilie. Quelques individus ont des physionomies qui sont absolument celles d'Européens; d'autres ont des figures tout à fait étranges, et il est évident à première vue, qu'il y a là une population extrêmement mélangée, aux origines multiples. Il faut sans doute admettre que toutes les races qui ont passé sur le sol de l'Afrique y ont laissé un peu de leur sang, et peut être doit-on accepter comme exacte, l'opinion donnée par le savant Sidi el Hedj el Béchir à Léon Roches et que ce dernier rapporte dans son curieux ouvrage intitulé : *Trente-deux ans à travers l'Islam.* D'après El Hedj el Béchir, les Kabiles descendent des premiers habitants de l'Afrique que l'invasion des Carthaginois refoula dans les montagnes et dans le désert. Les Romains chassèrent les Carthaginois des plaines qu'ils occupaient, et ceux d'entre eux qui ne voulurent pas accepter le joug des Romains allèrent rejoindre les aborigènes dans les montagnes et dans le désert où ils s'étaient établis. A l'invasion des Romains succéda celle des Vandales ; même refoulement des Romains dans les montagnes et dans le désert. A l'invasion des Vandales, succéda l'invasion des Arabes de l'Orient qui refoulent encore une partie des populations des plaines dans les montagnes et dans le désert. Ainsi s'expliquerait le caractère composite du type Kabile. Parmi ce peuple, ceux qui ressemblent à des Européens ont peut être dans leurs ancêtres un colon du Latium ou un soldat de Genséric ; la chose est fort possible. Cependant, les Kabiles ont en général les lèvres plus épaisses que les Européens, et un prognathisme de la face légèrement accusé, mais bien visible. De plus, ils ont tous sans exception un trait de structure anatomique commun, c'est la forme du crâne. Ils sont tous dolichocéphales très accentués. En sorte qu'il faut admettre ou bien, qu'aucune race n'était brachycéphale parmi celles qui se sont croisées pour donner naissance à la race Kabile, ou bien que, s'il y a eu une race brachycéphale parmi celles-là, son influence a complètement disparu par élimination.

Mais ce dont les Kabiles se rapprochent le plus comme ressemblance, ce sont les vieilles races dont les monuments égyptiens nous ont laissé la représentation. Il y a au Musée du Louvre certaines statues et statuettes, d'un art très naturaliste, qui représentent des sujets de l'ancien et du moyen empire égyptien ; on dirait des portraits dont j'ai rencontré maintes fois les originaux en me promenant dans les montagnes des Babors ; et quand on voit réunis les hommes d'un village Kabile, tous accroupis à terre, les genoux à la hauteur du menton, les oreilles ramenées en avant par le capuchon du burnous, le teint d'un brun rougeâtre, le regard aigu, immobiles, on croirait, à s'y tromper, des habitants ressuscités de Thèbes ou de Memphis.

La beauté n'est fréquente dans aucune des

races humaines ; elle n'a pas été prodiguée aux Kabiles plus qu'aux autres ; cependant, ce n'est pas une race déshéritée au point de vue esthétique : les hommes sont plutôt agréables à voir : la tournure dégagée, le geste aisé et prompt, la physionomie intelligente, beaucoup de cheveux qu'ils ne rasent pas toujours, des dents admirables, blanches et solides, relèvent leurs traits anguleux et heurtés et l'expression sombre de leurs visages, J'en ai vu qui étaient tout à fait beaux selon l'idéal européen, qui est aussi le leur. Quant aux femmes il leur sera consacré un chapitre tout entier et nous ne dirons rien d'elles pour le moment.

Le vêtement tient une grande place dans l'esthétique d'une race. Bien des peuples dont les voyageurs et les artistes ont célébré la beauté doivent à leurs costumes bien plus qu'à la perfection de leurs formes d'avoir excité ces enthousiasmes. Cette remarque, à mon avis, s'applique en particulier aux Arabes. Pour les Kabiles leur parure ordinaire n'est pas faite pour relever beaucoup leur apparence, tout au contraire.

Ce qui frappe d'abord dans leur accoutrement, c'est la saleté qui est incomparable. Sans doute les cotonnades et les laines blanches dont ils font usage sont d'un entretien difficile, surtout pour des gens constamment occupés à des travaux manuels ; mais encore y aurait-il moyen de ne pas y laisser accumuler des couches de crasse superposées comme celles qui enduisent les vêtements des Kabiles. Ils ne lavent jamais leur linge, si ce n'est quand ils tombent dans l'eau, accident rare, dans un pays aussi sec que le leur. Leur corps n'est pas mieux tenu que leurs vêtements; aussi presque tous ils exalent une fort mauvaise odeur, mélange d'huile rance, de musc et de sueur humaine. Il y a des exceptions honorables, mais en petit nombre; et il est presque impossible de rester longtemps enfermé en compagnie de plusieurs d'entre eux dans un endroit clos, une pièce de petites dimensions ou une voiture fermée, par exemple. J'excuse les colons français qui demandent qu'on assigne en chemin de fer, des compartiments spéciaux aux indigènes. Cependant, leur livre religieux les invite a se tenir avec soin : « O toi qui es couvert d'un manteau, tes vêtement entretiens-les avec propreté (chapitre LXXIV, versets 1 et 4) » Dans ce passage, sans doute, Mahomet par un trope dont il use plus d'une fois, s'adresse la parole à soi-même; mais ses disciples pourraient prendre le conseil pour eux. D'ailleurs au chapitre XXII verset 30, il avait dit expressément : « Mettez un terme à la négligence en ce qui concerne votre extérieur » et cette fois l'injonction est bien à l'adresse de tous les fidèles. Mais de ces injonctions-là, pas plus que de bien d'autres, les Kabiles ne tiennent aucun compte.

Non seulement ils portent leurs vêtements très sales, mais ils ne les remplacent qu'à la dernière extrémité. Ils ne les quittent pas, ce sont leurs habits qui les quittent; quand celui qu'ils ont tombe en lambeaux, ils en mettent un neuf par dessus. Aussi sont-ils presque tous couverts de loques indicibles dont les déchirures mettent à nu de tous côtés la peau qui reste exposée à l'air au soleil, et aux regards, sans qu'ils en aient le moindre souci. Quelqu'un a écrit judicieusement qu'ils s'habillaient avec des trous; très heureux quand ils sont couverts de deux gandourahs (chemises).

Dont les trous par bonheur ne sont pas l'un sur l'autre.

Et ce qu'il faut remarquer, c'est que les riches d'entre eux ne sont pas mieux mis que les pauvres. En vrai paysan qu'il est, le Kabile ne prend pas soin de son apparence; il jouit de sa fortune en avare, satisfait de la posséder pour elle-même, sans souci ni besoin des commodités qu'elle peut procurer, dans l'ignorance complète du luxe pour lequel il paraît n'éprouver aucune envie; bien différent en cela de son voisin l'Arabe qui raffole de ce qui brille et jouit volontiers comme un artiste ou comme un enfant.

La partie la plus remarquable de leur vêtement, c'est leur coiffure : à première vue, elle paraît se composer uniquement de cette calotte rouge que nous nommons un fez, ou une chéchia. Mais elle est souvent plus compliquée. Aussitôt qu'il a des ressources suffisantes, le Kabile se met sur la tête plusieurs calottes emboîtées les unes dans les autres; celle qui touche immédiatement le crâne est fabriquée d'une sorte de molleton très épais, de couleur blanchâtre; cette calotte intérieure sert en même temps de nécessaire de couture; le propriétaire y pique des épingles et des aiguilles dont il a vite appris à se servir adroitement. La calotte extérieure est rouge, quand elle est neuve; elle tourne promptement au noir crasseux. J'ai vu un Kabile qui couvrait son chef de six calottes emboîtées l'une sur l'autre. Ce n'était pas crainte du froid ni du soleil, car ce genre de coiffure ne préserve ni de l'un ni de l'autre; mais simplement pour se garantir des coups. Les Kabiles sont une race colérique et violente; les rixes sont fréquentes parmi eux; ils se portent de grands coups avec des massues qui se nomment debbous ou timsieft, selon leur forme. Un coup bien appliqué d'un de ces instruments sur un crâne nu est toujours mortel. Les six calottes de mon Kabile valaient un casque de fer pour protéger sa tête contre les atteintes du debbous.

Ces gueux en haillons, ont malgré tout bonne apparence, et ils font bonne impression. Ils se tiennent bien : ils sont polis sans bassesse, et fiers sans raideur, à distance égale de la morgue et de l'humilité. Avec les supérieurs, ils savent être déférents sans platitude. Ils ne se montrent jamais indiscrets ni importuns : ils sont virils. En leur parlant, on a l'impression de parler à des hommes. A ce point de vue, le Kabile l'emporte de beaucoup sur les Levantins; il est supérieur même à beaucoup d'Européens appartenant aux classes sociales qui correspondent à la sienne : c'est un paysan, ce n'est pas un rustre. Ce portrait est exact pour la race toute entière; à peine pourrait-il être démenti sur quelques points par l'aspect d'individus appartenant à certaines tribus isolées, sans communications fréquentes avec le dehors, et chez lesquellles les manières se ressentent des mœurs qui sont restées sauvages. Bien entendu aussi, il ne faudrait pas juger le Kabile uniquement sur ces beaux dehors : la dignité du caractère ne répond pas chez lui à celle de la tenue. C'est là un phénomène fréquent chez les peuples de civilisation orientale. Mais il est naturel qu'un peuple de Musulmans se compose de gens polis; pour lui, la politesse est affaire de religion : le Coran contient sur ce sujet des maximes généreuses, courtoises et spirituelles. « Si quelqu'un vous salue, rendez-lui le salut plus honnête encore ou rendez-lui au moins le salut, Dieu compte « tout ». (Chapitre IV, verset 88) « O Croyants, n'entrez pas dans une maison étrangère sans eu demander la permission et sans saluer ceux qui l'habitent » (Chapitre XXIV, verset 27) « Quand vous entrez dans une maison saluez-vous réciproquement, en vous souhaitant de par Dieu une bonne et heureuse santé. (Chapitre XXIV, verset 61). »

Etre homme du monde, c'est donc un mérite qui aide à gagner le ciel. Aussi les musulmans sont-ils entre eux polis jusqu'à l'excès ; leur politesse nous semble fatigante à force de démonstrations ; avec les infidèles, ils sont moins expansifs ; mais ils observent néanmoins toutes les règles essentielles de leur politesse, et quand on est en rapport avec eux, il est très important de ne pas tolérer qu'ils y manquent ; toute marque d'incivilité de la part d'un musulman vis-à-vis d'un européen est toujours une injure préméditée ; elle est ordinairement le fait d'un fanatique ; elle doit être réprimée immédiatement ; celui qui la supporte est méprisé par celui qui l'a faite et considéré par lui comme un être faible et comme un lâche.

Saluer à propos et avec bienveillance, cela ne suffit pas à faire un homme de bonne tenue ; l'air du visage, l'attitude du corps, la façon de parler, tout cela fait partie de l'éducation. Le Coran y a pourvu par des préceptes contenus en plusieurs versets que nous citons les uns après les autres et sans commentaires : « Ne fais pas de contorsions avec ta bouche par dédain pour les hommes ; que ta démarche ne soit point orgueilleuse ; car Dieu n'aime point l'homme présompteux, glorieux Chapitre xxi, verset 17). Ne marche pas fastueusement sur la terre, tu ne saurais la fendre en deux, ni égaler la hauteur des montagnes ». (Chapitre xvii, verset 39). « Cherche à baisser ta voix, car la plus désagréable des voix est bien celle de l'âne » (Chapitre xxxi, verset 18). Les musulmans ont le geste contenu, la voix mesurée, le visage grave; le dernier des fellahs, un paysan barbare, vous étonnera souvent par sa politesse et par ses manières; il n'a pas lu le Coran, bien entendu, bien peu de musulmans sont capables de le faire; parmi ceux qui peuvent le lire, bien peu sont capables de le comprendre. Mais il importe peu : l'esprit général de cette loi les dirige sans qu'ils aient besoin d'en connaître les détails. Combien y a-t-il de chrétiens qui n'ont jamais lu les évangiles et qui n'en sont pas moins imbus jusqu'aux moelles de l'esprit évangélique? Dans toute religion il émane des préceptes divers une influence supérieure qui descend sur les fidèles, les pénètre et les conduit. Quand le musulman se montre poli, il suit une influence supérieure de sa religion.

Mais ce qu'il y a de remarquable c'est que leur politesse n'est pas seulement extérieure et formaliste; elle comporte des raffinements qui témoignent d'une délicatesse morale tout à fait inattendue. Ainsi, il est considéré comme une grossièreté de se livrer à une gaieté bruyante en présence de personnes auxquelles on doit le respect; il est encore plus malséant, de se livrer devant elles à de certains plaisirs; de tenir des propos contraires à la modestie. Devant son père, son frère aîné, ou son supérieur hiérarchique, le musulman ne rira pas, ou s'il le fait, ce sera avec beaucoup de retenue; il ne parlera pas de plaisirs, jeu, femmes ou débauche; il ne racontera pas d'histoires légères, il ne tiendra pas de propos grivois. Inversement, s'il plaît au supérieur de prendre quelques distractions qui sortent des limites de la stricte décence, les inférieurs présents se retireront discrètement pour lui éviter toute espèce de gêne. Cette règle est poussée très loin : ainsi, un frère cadet n'entrera pas dans une maison de plaisir, même dans un simple café où son frère aîné se trouvera avant lui : si l'aîné y pénètre lorsque le cadet s'y trouve, ce dernier en sortira immédiatement. Je dînais un jour avec plusieurs Français chez un caïd, très homme du monde, mais joyeux vivant s'il en fût. Pendant le repas, plusieurs de ses parents, frères, neveux, cousins se tenaient autour de nous et prenaient part à la conversation, mais trop petites gens sans doute, ils ne s'étaient pas assis à notre table. Au cours du repas, un de nous, parlant fort bien l'arabe, se mit à faire en cette langue, un conte passablement salé; le caïd écoutait de toutes ses oreilles, et riait de tout son cœur; mais en remarquant que le conte prenait un tour scabreux, tous les assistants, frères, neveux et cousins, tout ceux qui se considéraient eux-mêmes comme des inférieurs, s'étaient discrètement éclipsés, et mis hors de portée d'entendre. Quand le conte fût achevé, ils revinrent aussi discrètement qu'ils étaient partis, et reprirent l'entretien de l'air le plus aisé et le plus naturel.

Devant les enfants aussi, ou devant de très jeunes gens on pratique la plus grande réserve; jamais devant eux on ne parle de certains plaisirs, de femmes, par exemple; on observe scrupuleusement sans le connaître, le précepte du poète latin :

« Maxima debitur puero reverentia », et de la façon dont il l'entend lui-même. Les moins cultivés ont cette délicatesse. En chassant un jour, je rencontrai deux jeunes paysans kabiles, qui gardaient contre les maraudeurs le champ de pastèques de leur père; le plus jeune avait dix ou douze ans, et ne savait pas un mot de français; l'aîné, presque un homme paraissait dix-sept ou dix-huit ans; il parlait suffisamment notre langue. Tous deux m'offrirent poliment de l'eau fraîche et des fruits. Puis, le plus grand me parla de la ville voisine où il allait les jours de marché. Ses yeux étincelaient en parlant de ce sujet. Oh! c'est qu'on s'y amuse, me dit-il : il a y surtout des femmes ! Mais chut ! il ne faut pas dire cela devant mon petit frère

Cela n'a pas grand inconvénient, lui fis-je observer, puisqu'il ne comprend pas le français dans
lequel tu me parles. N'importe, me répond-il, on
ne doit pas parler de ces choses là devant les
enfants. Je me retirai tout émerveillé de la délicatesse de ce jeune barbare. C'était dans le commencement de mon séjour en Algérie; j'ai eu maintes
occasions de constater depuis que cette délicatesse
était de règle universelle chez les musulmans.

Parce qu'ils sont polis jusqu'au raffinement et
même jusqu'au respect de certaines personnes, il
ne faudrait pas en conclure que les Kabiles sont
des hommes vertueux. De ce que nous entendons
par ce mot de vertu, on peut dire qu'ils n'en ont
aucune idée. Quand ils se trouvent entre égaux,
hors de la vue de ceux auxquels ils accordent un
certain respect, alors ils lâchent la bride, et c'est
une transformation bien étrange. Ils aiment le
plaisir à la fureur, ils s'y livrent avec emporte-
ment, ils le poussent sans scrupule aucun jusqu'à
la débauche. Ils ne sont retenus par aucun sentiment de dignité ni de pudeur; leur imagination
s'y montre insatiable et d'une fertilité d'invention
à stupéfier les pornographes les plus émérites.
Les raffinements les plus éhontés du sadisme leur
paraissent des amusements tout naturels, des plai-
santeries qui dépassent à peine les limites permi-
ses. Les forces humaines ne suffisent pas longtemps à satisfaire de pareilles fantaisies. On se

console en parlant de ne pouvoir toujours agir.
Nos Kabiles se plaisent aux contes salés, aux histoires grasses, aux bouffonneries les plus indé-
centes. Les récits les plus risqués de nos con-
teurs du moyen âge sembleraient innocents auprès
de certains de ceux que j'ai entendus. Voyez d'ailleurs pour vous faire une idée de cette tournure
d'esprit et de ces mœurs la traduction des Mille et
une Nuits par le docteur Mardrus; mais encore,
ne vous en donnera-t-elle qu'une idée approxima-
tive. Dans tout cela, ils portent comme une certaine innocence, ou du moins comme de la naï-
veté. Et en effet, ils ne croient pas si mal faire. Ils
n'ont pas là-dessus les mêmes conceptions, les
mêmes notions héréditaires que nous. Et puis ils
sont gais, d'une gaîté d'hommes très jeunes, qu'ils
conservent à tout âge; et cette gaîté qu'ils mêlent
à leurs extravagances, adoucit un peu ce qu'elles
ont de choquant à nos yeux.

Car nous nous figurons en général les peuples
orientaux comme composés d'hommes d'un sérieux
et d'une gravité extraordinaires. Nous disons
même proverbialement, une gravité orientale, et
nous sommes tout prêts à croire qu'il y a beaucoup
de familles en ces pays ou personne n'a ri de père
en fils depuis que Mahomet a prêché l'islamisme.
Nous en sommes là depuis les *Lettres Persanes*.
La plaisanterie de Montesquieu est excellente, mais
elle n'est qu'une plaisanterie. Je ne sais pas si ce

qu'il dit est vrai des Turcs, que je ne connais pas ; mais pour les Algériens ce sont les plus gais compagnons du monde et les plus joyeux qu'on puisse rencontrer. Seulement, il est assez difficile à un Européen de s'en rendre compte, et il faut les pratiquer assez longtemps pour découvrir ce côté de leur caractère. Voici pourquoi.

Nous venons de dire qu'ils sont polis et qu'une des formes de leur politesse c'est de garder le sérieux en présence de ceux qu'ils estiment être leurs supérieurs, ou simplement en présence de ceux à qui ils veulent donner une marque de respect. Or pour un indigène Algérien, tout européen bien vêtu et de manières convenables, reste toujours plus ou moins un supérieur ; c'est l'homme de la race victorieuse vis-à-vis duquel il s'observe et ne se permet pas de s'émanciper. L'Algérien, Arabe ou Kabile, ne sera tout à fait lui-même, ne se livrera franchement à sa nature qu'en présence d'un autre indigène, ou bien d'un européen d'une éducation inférieure qu'il estime et sent plus près de lui, et devant lequel il ne se croit pas tenu à tant de décorum. C'est pour cela que les Européens cultivés et capables d'observation sont généralement trompés sur le caractère des musulmans. Ils n'en voient qu'une manifestation extérieure, et toute de commande ; et comme ils ne font le plus souvent que passer dans le pays, ils emportent avec eux l'impression inexacte qu'ils ont forcément reçue et qu'ils n'ont pas eu le temps de corriger.

Mais arrivez à l'improviste dans une fête indigènes; rencontrez par exemple une foule entourant des saltimbanques ou des lutteurs; cela se voit fréquemment même dans les environs des grandes villes. Remarquez alors l'attitude des assistants. Ils ne perdent pas une seule occasion de rire. Un geste ridicule, un mot malencontreux ou burlesque échappé à un acteur ou à un spectateur, une maladresse, une chute intempestive, et le fou rire gagne aussitôt l'assemblée toute entière. Ils n'ont pas moins de jovialité dans le particulier qu'ils n'en ont en public. Ils ont des gaités incompressibles, des échappées d'irrésistibles folies. Très âpres, au gain, très cupides, très avares, ils sont capables cependant de semer leur argent sans compter sous l'empire d'un entraînement ou d'une passion. J'en ai connu un qui était d'âge mûr, de sens rassis, et de conduite exemplaire. Dans sa jeunesse, il avait en quelques mois dépensé quarante mille francs, toute sa fortune héréditaire, et une fortune énorme pour un Kabile, en menant la vie joyeuse en compagnie d'une fille d'Alger. Il n'en éprouvait aucun regret; tout au contraire, le souvenir de ses folies le remplissait d'une joie expansive; et du reste, il avait à cinquante ans au moins la gaieté d'un tout jeune homme. Tous les plaisirs leur sont bons; même l'ivresse, réprouvée par le Coran. Dans le fond des campagnes, l'ivrognerie est inconnue; le vin et les alcools n'y pénètrent pas. Mais dans les petites villes que j'ai habitées, au soir des jours de fête, j'ai rencontré des musulmans ivres presque autant, à proportion gardée, qu'on rencontre ces jours-là d'ouvriers en goguette dans les faubourgs de Paris. Beaucoup de musulmans même ont des habitudes chroniques d'intempérance, et cela jusque dans les plus hautes classes. Je pourrais citer des exemples et des faits.

Mahomet se doutait-il qu'il ne réussirait guère à donner à ses disciples la dignité de la tempérance et qu'il ne parviendrait pas à déraciner de chez eux les fâcheuses habitudes que ses contemporains avaient sans doute? On pourrait le croire en lisant ce verset d'une indulgence un peu sceptique : « O croyants, ne priez point, lorsque vous êtes ivres; attendez que vous puissiez comprendre ce que vous prononcez » et après quelques autres prescriptions il termine par ces douces paroles : « Dieu est indulgent et miséricordieux! » (verset 46, chap. iv.)

L'ivresse n'est donc pas un cas pendable, ni damnable; et il faut rectifier l'opinion généralement admise chez nous, que Mahomet a défendu absolument l'usage, même accidentel, du vin et des liqueurs qui produisent les mêmes effets que le vin.

A la vérité, c'est bien ainsi que l'entendent les musulmans rigides ; ceux-là, non seulement s'abstiennent du vin, mais ne font usage d'aucun liquide fermenté ; ainsi ils repoussent l'usage du vinaigre dans la cuisine ; il m'est arrivé, chez certains d'entre eux, de manger de la salade où le jus de citron remplaçait le vinaigre. Cette pratique s'appuie sur le chapitre v, verset 92. Il y est dit : « O croyants, le vin, les jeux de hasard, les statues et le sort des flèches, sont une abomination inventée par Satan ». C'est très net, et très énergique. Tout croyant doit voir évidemment Satan grimacer au fond d'une coupe de champagne ou d'un verre d'absinthe. Mais Mahomet a composé le Coran au jour le jour, le confiant à la mémoire de ses disciples, et ceux-ci ne l'ont pas toujours eue fidèle, à moins que le Maître lui-même n'ai été sujet à l'oubli et à la contradiction. Ce qui est certain, c'est qu'il existe en cette matière un autre verset tout à fait différent. C'est le 216ᵉ du chapitre ii. Il dit ceci : « Ils t'interrogeront sur le vin et le jeu. Dis-leur : dans l'un comme dans l'autre il y a du mal et des avantages pour les hommes ; mais le mal l'emporte sur les avantages ». De ce que le mal l'emporte, il n'en reste pas moins qu'il y a des avantages, et il est facile en s'appuyant sur ce verset, de soutenir comme le font aujourd'hui nombre de musulmans, que Mahomet a proscrit l'abus du vin, mais non pas l'usage modéré de cette liqueur. Cette opinion estparticulièrement favorable aux rapprochements de société entre les indigènes et les européens, et en fait, quand des indigènes musulmans sont en compagnie de français, je les ai toujours vus boire du vin et des liqueurs sans aucune apparence de scrupule. Il y en a qui font des sortes de transactions; ils s'abstiennent de certaines liqueurs, et ils en boivent d'autres. Je me trouvais un jour à déjeûner en compagnie d'un notable musulman très connu pour afficher une très grande ferveur de principes religieux. Il ne but que de l'eau pendant tout le repas. Quand on vint au café et aux liqueurs, il se versa délicatement à lui-même un petit verre de liqueur de la Grande Chartreuse, et se mit à la déguster, les yeux mi-clos, la tête renversée, à petits coups; en connaisseur. « Eh! quoi! Sidi... lui dis-je vous buvez une liqueur alcoolique, vous un clerc, un taleb réputé par sa piété, en passe dans l'opinion de devenir un marabout, un saint religieux! Vous aller vous damner mon ami... » Il ne parut pas s'émouvoir, et me répondit simplement : « Cet alcool là ne peut pas faire de mal; il est fabriqué par des marabouts » (religieux saints). Mais ce sont des marabouts chrétiens! « N'importe, me répondit le fervent sectateur de Mahomet, ce sont toujours des marabouts, ils sanctifient tout ce qu'ils touchent ». Et Sidi...se versa dévotement un second petit verre d'alcool sanctifié.

Je connaissais l'homme pour le pratiquer journellement. Je n'ai jamais pu démêler s'il était sceptique sur quelques points seulement de sa religion, ou bien sur tous; je suis porté à croire qu'il poussait très loin l'art des distinctions et des interprétations subtiles; Escobar et ses semblables n'ont rien à enseigner aux docteurs musulmans. En tout cas, il était fort spirituel, et en cela, il était de sa race, ni plus ni moins.

Car ils ont de l'esprit, au sens même que nous attachons à ce mot et cet esprit a le même sel, à peu de chose près que le vieil esprit gaulois qui est resté celui de nos hommes du peuple et de nos paysans. Il est ironique et malicieux et se traduit par des images vives et des expressions primesautières. « Sais-tu écrire? demandais-je à l'un d'eux ». « J'en sais juste assez pour me faire pendre, je sais signer mon nom me répondit-il aussitôt ». Ils sont observateurs et caustiques, et leur aptitude est sans pareille pour découvrir le ridicule des gens, le ridicule physique le plus souvent, mais aussi le ridicule moral. Ils sont incomparables pour appliquer des surnoms qui font saillir ce ridicule, et qui sont comme la caricature parlée de celui auquel ils s'appliquent.

Tous ceux qui les ont approchés ont déjà fait cette observation. Il faut ajouter que leur esprit est sans bonté, sans pitié; il n'a rien de ce qu'on désigne sous le nom de bonhommie, et c'est en cela qu'il diffère de celui de nos races si faciles a l'indulgence, si promptes à l'humanité. Ils plaisantent comme jouent des fauves qui hantent les halliers de leur pays; les griffes sont toujours prêtes à déchirer. Ils ont en cela comme en tout le reste la cruauté primitive des barbares.

De cette combinaison de politesse et d'esprit naturel, il résulte une conséquence qu'il importe de mettre en relief; c'est qu'ils apprécient infiniment la bonne tenue chez les autres, et surtout chez ceux qui sont chargés de les commander. Ils ne comprennent pas qu'un chef, qu'un homme qui détient une part d'autorité puisse avoir des allures débraillées. Je ne parle pas ici de la toilette, bien que la question ait son importance, mais du ton et des manières. Nous l'avons dit, les Kabiles peuvent être sales, mal vêtus, en haillons; ils ne commettent pas d'inconvenance; ils se gardent d'être ridicules; aussi tout européen qui a affaire à eux doit-il s'efforcer de garder un certain décorum; c'est indispensable pour obtenir leur respect. C'est là une des raisons pour lesquelles le régime de l'administration militaire avait si bien pris et s'était si bien implanté parmi eux. L'officier quelles que soient son origine et son éducation première, a toujours sous l'uniforme l'allure extérieure, la tenue générale que lui imposent la discipline et les usages militaires, et il est alors, au moins extérieurement, *un homme du monde*. Or, c'est ce qu'il faut être avant tout pour commander avec succès à des musulmans. Peu leur importe que leur chef ait des vices, pourvu qu'il ait des manières. Peu leur importe même qu'il ait peu ou beaucoup d'intelligence. Un homme médiocre, ayant tout simplement le sens commun, mais de bonne tenue, obtiendra d'eux très facilement tout ce qu'il voudra. Un homme de génie, doublé d'un philanthrope excellent, doué d'un cœur d'or, possédant avec cela toutes les vertus et toutes les énergies, ne leur en imposera pas le moins du monde s'il a les dehors d'un bohême. Ils ne comprendront rien à ses qualités et ils railleront son apparence. Cela tient naturellement à la qualité et à la portée de leur intelligence : nous l'avons dit, ils ont un esprit jeune, l'esprit des jeunes gens qui se moquent volontiers de tout ce qu'ils ne comprennent pas.

Du reste, ils se moquent fort bien, et au besoin ils savent se moquer d'eux-mêmes. En voici un exemple :

Amou Tahar ou el Haoussine, adjoint-indigène des Beni-bou Messaoud, fit en ma présence le petit conte que voici :

Lorsque les Français s'emparèrent d'Alger, il devait avoir environ six ou sept ans; la victoire des infidèles, la chute entre leurs mains d'une place si importante pour l'Islam, causa dans toutes les tribus kabiles une sensation profonde. Le père d'Amou Tahar, était *amîn*, c'est-à-dire quelque chose comme président de la petite République constituée par la tribu. Toute sa maison s'occupait donc de politique. L'enfant eût l'esprit fortement frappé des scènes qui se produisirent alors dans la tribu et sa mémoire en avait gardé l'empreinte indélébile. En apprenant la défaite des vrais croyants, toute la Kabilie s'était soulevée, les guerriers des Beni-bou Messaoud s'étaient aussitôt concertés ; ils avaient couru aux armes, tous avaient juré d'exterminer les Roumis, de les précipiter dans la mer, ou de mourir. Le premier, le plus ardent de tous, était naturellement l'amîn de la tribu. Amou Tahar se rappelait avec émotion sa mère toute en larmes, et le départ des guerriers, salués par les longs et lugubres hurlements que les femmes poussaient en signe de deuil. Chez les peuples barbares, toujours en tous temps, elles ont fait ainsi et les légionnaires de Marius ont entendu les hurlements affreux poussés par les femmes des Cimbres et des Teutons. Puis, tous les guerriers Kabiles, leur amîn à leur tête, exaltés par leur serment, par les scènes auxquelles ils venaient d'assister, par la fierté de la race, par le fanatisme, avaient traversé la Soummam, rivière qui forme leur frontière à l'ouest, et s'en étaient allés à quelques kilomètres de là bivouaquer sur les hauteurs qui la dominent. Ils y passèrent la nuit. Elle leur porta conseil. Le lendemain, tous sans exception, leur amin toujours à leur tête, ils revinrent dans la tribu. Chacun rentra chez soi; personne ne s'occupa plus de délivrer Alger de l'oppression. Ajoutons que lorsque les Français prirent Bougie, la tribu de Beni-Bou-Messaoud qui en est toute voisine, fût la première à traiter, et se soumit sans délai. Depuis, elle est restée invariablement fidèle et seule de toutes les tribus kabiles, elle ne s'est pas insurgée en 1871; elle nous a même, à cette époque, fourni un contingent qui a combattu de notre côté sous les ordres d'Amou Tahar.

Je ne sais pas, bien entendu, si ce petit récit est vrai dans toutes ses parties. Je soupçonne qu'Amou Tahar l'enjolivait pour les hôtes français qu'il recevait à sa table; mais il le racontait avec un mélange de finesse et d'ingéniosité qui étaient véritablement toutes pleines de grâce.

Les Kabiles n'ont pas moins la vivacité dans l'intelligence que dans l'esprit: j'entends ici par intelligence la seule faculté de comprendre les choses et par suite, la faculté de s'instruire par cette compréhension. Mais ils ne sont nullement instruits; depuis que la race existe, jamais elle n'a rien reçu qui ressemble si peu que ce soit à l'instruction supérieure; les Kabiles ne savent que ce que l'expérience journalière enseigne aux hommes pour leurs besoins.

Aussi, leur intelligence est-elle à la fois très vive et très bornée; dans le rayon où elle s'exerce, elle est énergique et lucide; mais ce rayon est des plus restreints. On peut la comparer à la vue de certains myopes qui est infatigable et d'une exactitude merveilleuse lorsqu'elle s'exerce dans son champ visuel, mais qui ne peut rien découvrir que de confus au delà d'une certaine distance. C'est là justement la nature de l'intelligence des Kabiles; elle se restreint à des objets immédiats, directs, elle ne porte pas au loin; vous tenterez vainement d'expliquer à un de ces villageois que les savant européens peuvent, par leurs calculs déterminer le cours des astres, prévoir les éclipses, fixer la distance du soleil à la terre. L'homme vous écoutera avec politesse et restera convaincu que vous vous êtes agréablement moqué de lui. Au contraire, montrez-lui une arme nouvelle, un instrument qu'il ne connaît pas, une machine peu compliquée qu'il n'a jamais vue : très vite, et presque sans leçon, il en découvrira le mécanisme, il en appréciera l'utilité, et il saura s'en servir; il n'aura ni crainte ni répugnance pour les choses nouvelles, pour les inventions les plus éloignées de tout ce qu'il a pu concevoir. Il ne dira pas, comme le disaient les paysans bretons, comme ils disent peut-être encore : « Je

fais comme mon père, et rien de plus que lui ».
Tout au contraire, il s'assimilera immédiatement
toute nouveauté qui lui sera utile. Ainsi les
chemins de fer font-ils son admiration et son
bonheur ; et bien qu'on prétende, ce qui n'est
vrai que relativement, que les indigènes algériens
n'ont pas la notion du temps, le Kabile aime
mieux prendre le train pour aller plus vite en
payant plus cher, que d'user des moyens de loco-
motion traditionnels en son pays. En pays kabile,
les voitures de 3e classe sont bondées d'indigènes. De même aussi, il comprendra très vite
l'utilité d'un instrument de culture perfectionné,
par exemple d'une charrue à gouvernail ou à
renversement, d'un semoir, d'une batteuse, et en
très peu de temps vous ferez de lui un ouvrier
adroit à se servir de ces outils nouveaux. Le
tirailleur recruté en Kabilie, apprend aussi vite
que le conscrit français à se servir de son fusil
dernier modèle, à l'entretenir, à le monter, à viser
avec lui. Cependant il n'a pas, il ne peut pas avoir
la même hérédité mentale que le Français. Mais
sans doute, les hommes se ressemblent les uns
les autres, bien plus qu'on ne le croit en général ; ils
ne diffèrent que par le niveau de leur culture.

Cette vivacité, cette finesse d'esprit qu'ils manifestent dans un rayon restreint, sont des traits qui
rapprochent singulièrement les paysans kabiles
des paysans de nos contrées à nous. Et peut-être,

les Kabiles ne sont-ils pas moins que les autres susceptibles d'éducation. Pour leur faire admettre la possibilité des grandes découvertes, des hautes spéculations de l'esprit, il faudra sans doute du temps, et plus d'une génération d'hommes. Mais il en a été partout ainsi. Depuis combien de temps, admet-on chez nous universellement et sans réserve que la terre tourne autour du soleil, et combien de nos paysans ignorent-ils encore ou se refusent-ils à admettre la possibilité de certains calculs et de certaines découvertes qui sont, pour les hommes éclairés, passés depuis longtemps à l'état de vérités prouvées et indiscutables?

En attendant, ce qu'ils comprennent de notre civilisation, ce qu'ils en admirent, ce qui les subjugue, ce sont ses manifestations pratiques et matérielles, les signes de force physique qu'elle donne. Les canons, les navires cuirassés, les navires à vapeur, les locomotives, les automobiles, bientôt, je n'en doute pas, les aéroplanes, voilà ce qui leur donne l'idée de notre supériorité. La construction du tunnel qui conduit la ligne de chemin de fer jusqu'à Tizi-Ouzou les a stupéfaits. Ils ne pouvaient pas croire que des hommes fussent capables d'un travail pareil; des génies seuls auraient pu l'exécuter. Cet ouvrage a fait plus pour les soumettre que nos victoires sur eux et que la construction du Fort-National. Pour le côté moral, supra-physique si j'ose dire, de cette civilisation, il leur reste jusqu'à présent inaccessible.

Comme toutes les races d'intelligence vive et claire, les Kabiles ont une facilité d'élocution remarquable. Ils parlent avec abondance; ils sont même capables d'être éloquents. Cette faculté innée était entretenue et développée chez eux par le régime politique qui était tout républicain. La Djemaa ressemblait à l'Agora ou au Forum; les affaires publiques s'y discutaient devant tous les citoyens réunis. Comme en tout pays libre, l'art de parler et de persuader était indispensable à tous ceux qui voulaient prendre part au gouvernement. Les Kabiles ont une aptitude égale à celle des Européens les mieux doués sous ce rapport pour exposer une affaire, pour la discuter, pour faire valoir et retorquer des arguments, pour tenir une assemblée sous l'empire de la parole et l'entraîner vers les résolutions qu'on lui propose. Cela implique naturellement qu'ils sont capables d'écouter et de comprendre; et ils le sont en effet au plus haut degré. Cela nous amène à faire une remarque fort importante pour se conduire dans les rapports avec eux.

Tout intelligents qu'ils soient, comme ils ne sont nullement instruits et que leur expérience est fort restreinte, ils ont en somme très peu d'idées. En revanche, la souplesse de leur esprit leur permet d'entrer à merveille dans les idées

des autres et de se les assimiler superficiellement.
En outre, leurs habitudes de politesse les em-
pêchent de jamais contredire quand ils sont en
présence d'une personne qu'ils estiment être de
façon ou d'autre, leur supérieur. Il résulte de tout
cela, qu'ils ont toujours l'air d'être d'accord avec
leur interlocuteur, quand celui-ci est un personnage quelque peu important. Causez avec l'un
d'eux d'un sujet un peu sérieux, demandez-lui, par
exemple, son avis sur la façon dont il faut organiser et administrer la justice en Kabilie ; si la justice indigène n'y serait pas préférable à la justice
française, etc. D'avis, il n'en a pas, bien entendu ;
c'est là un sujet très élevé, presque abstrait ; il n'y a
jamais pensé. Il ne vous répondra pas directement ;
il biaisera, il observera vos paroles jusqu'au moment
où il croira avoir discerné votre propre opinion,
et il s'empressera alors d'abonder dans votre sens.
Vous serez surpris et charmé de voir qu'il exprime
des pensées qui sont exactement les vôtres. Et en
effet, ce sont bien les vôtres ce ne sont pas les sien-
nes ; il n'en a pas. Il dira exactement le contraire une
heure après, s'il se trouve en présence d'un personnage qui ne pense pas comme vous. Cela leur est
absolument égal ; ils n'ont eu pour objet que de plaire ; car sans doute aussi, ils ne sont pas exempts de
cet esprit courtisan qui est celui de tous les Orientaux. Pour un Oriental, il faut toujours complaire
aux hommes puissants, quoiqu'ils vous demandent.

Et c'est si peu de chose quand ils ne vous demandent que de parler comme eux!

Rien n'est donc plus décevant que d'aller demander aux Kabiles leur opinion sur des questions même fort intéressantes pour eux. Aussi, les enquêtes administratives faites auprès d'eux ne donnent et ne peuvent donner que des résultats chimériques. Que voulez-vous que réponde un Kabile à un monsieur qui fait partie du beylick, du gouvernement? S'il osait, il lui répondrait peut-être : « Mon avis, c'est que vous me laissiez tranquille et que vous ne prétendiez pas me gouverner ». Mais comme il n'osera jamais tenir un pareil langage, il sondera prudemment le terrain et répondra ce qu'il croira agréable à celui qui lui fait l'honneur de l'interroger. Qu'on les prenne individuellement, qu'on les prenne en masse, le résultat est toujours le même. Certain administrateur de commune mixte dans la Grande Kabilie, réunit un jour les djemaas des tribus qu'il avait dans son ressort. Il demanda aux Kabiles réunis ce qu'ils pensaient de la polygamie. Ils répondirent tout d'une voix que c'était une institution exécrable, et ils votèrent sa suppression immédiate parmi eux. Ils le dirent et le votèrent; c'était tout naturel, puisque leur supérieur le désirait. Bien entendu, cela ne changea absolument rien ni à leurs lois, ni à leurs habitudes et ils restèrent polygames comme auparavant. Mais l'administrateur, homme habile, fit valoir cette affaire auprès des naïfs électeurs français, et ce fut pour lui le point de départ d'une petite fortune politique.

A l'époque où le général Daumas écrivait son livre si exact, si bien observé, sur la vie Arabe et la société musulmane, il constatait que les indigènes algériens manquaient de la notion du temps et de celle des distances. C'était vrai aussi bien pour les Kabiles que pour les Arabes, et ce l'est resté pour beaucoup d'entre eux. Ils sont d'une ignorance et d'une insouciance singulières, pour tout ce qui concerne les dates, les époques, les saisons. Leur mémoire et leur attention sur ce point sont fragmentaires. Ainsi ils se souviennent presque toujours très bien du jour où s'est produit un fait sur lequel on les interpelle, si c'est un lundi, un mardi ou un autre jour de la semaine; mais ils sont incapables d'indiquer le mois au cours duquel s'est produit l'événement; souvent ils ne distinguent pas les saisons et ils répondent comme je l'ai entendu faire par l'un d'eux : Pour nous tant qu'il fait mauvais, c'est l'hiver, quand il fait beau, c'est l'été; nous n'en savons pas plus long. Tous n'ont pas cette ignorance; mais c'est le cas de la majorité. J'ai eu le loisir de le remarquer et de m'en convaincre, car j'ai eu affaire pendant mon séjour à plus de trois mille Kabiles et les questions de temps et de dates jouèrent un rôle très considérable dans mes colloques avec eux. J'ajoute que c'est là chez eux un défaut de culture bien plutôt qu'une lacune dans l'intelligence. J'ai remarqué un progrès certain sur l'état que signalait le général Daumas. Le Kabile est un voyageur, il se remue beaucoup et passe une bonne partie de son existence sur les chemins. Il y puise rapidement les notions de l'expérience. Aujourd'hui, presque tous savent ce que c'est qu'un kilomètre, et quand on leur demande comment ils l'ont appris, ils répondent : « Sur le grand chemin du beylick (gouvernement), un kilomètre est la distance qui sépare une grosse pierre d'une autre grosse pierre ». Les bornes placées par les Ponts et Chaussées leur ont donné une leçon de choses. Bien entendu, ils ne soupçonnent pas ce qu'est le système métrique en son essence; mais ils ne sont pas les seuls. Beaucoup également savent aujourd'hui dire l'heure qu'il est. Les tirailleurs kabiles ont presque tous des montres, objets qui se vendent maintenant à si bas prix. Ils les rapportent chez eux et ils enseignent à leurs compatriotes comment il faut y lire. Et puis l'intelligence éveillée de ces hommes s'assimile promptement ce qu'on lui enseigne. J'entendis une fois demander à un Kabile des renseignements sur une rixe qui avait eu lieu aux environs de son village. « Tu ne saurais pas dire à quelle heure cela s'est passé » — « Si vraiment, répondit-il, il était sept heures et demie du matin. » — « Et comment le sais-tu? Tu as une montre?... » —« Non, mais on nous a dit que le train du chemin de fer arrive à la gare de... à sept heures et demie : et il sifflait justement lorsque la bagarre a commencé. » — Or, la ligne du chemin de fer fonctionnait régulièrement depuis quinze jours à peine. L'homme était un vieillard tout blanc, parvenu à cet âge extrême où dit-on, le cerveau durci ne fonctionne plus librement et ne sait plus rien recevoir de nouveau pour lui.

Une de leurs facultés qui m'ont le plus frappé pendant mon séjour parmi eux, c'est celle qu'ils ont d'apprendre les langues étrangères. Je crois bien qu'il n'y a que les Slaves qui les dépassent sous ce rapport. J'en ai connu qui avaient fait leurs études dans un Lycée français et qui parlaient notre langue avec une facilité et une justesse d'expression incomparables, qui en saisissaient toutes les nuances, toutes les finesses, qui la maniaient comme les plus purs Français de France. Ceux-là, dira-t-on, étaient spécialement instruits, et il n'y a rien là d'extraordinaire. Mais combien j'en ai vu d'autres, de pauvres diables, des manœuvres ignorants, qui avaient appris le français, l'italien, l'espagnol, rien qu'en conversant sur les quais avec les matelots formant l'équipage des navires qu'ils déchargeaient. Il parlaient ainsi trois ou quatre langues sans avoir eu jamais un professeur pour aucune. Il est facile de constater qu'ils ont l'oreille fine et l'organe souple : quand ils commencent à parler français, leur accent, comme du reste celui des arabes, ressemble assez à l'accent allemand; ils confondent les *b* et les *p*; les *d* et les *t*; mais ils arrivent très vite à corriger ce vice; il est même fréquent qu'ils le perdent tout à fait et parlent avec une pureté d'accentuation absolue, ce que les Germains ne parviennent jamais à faire, malgré le séjour le plus prolongé parmi nous. J'ai eu des rapports fréquents avec un interprète indigène qui avait appris le français seul et sans aucun professeur; il le parlait absolument comme s'il était né et avait été élevé sur les boulevards à Paris : il allait tous les ans faire un voyage en France; il s'habillait alors à l'européenne, sans aucune trace de vêtement arabe. Tout le monde l'a toujours pris pour un Français.

Ils sont, ce qu'on appelle vulgairement « débrouillards », et je ne puis m'empêcher d'en citer un exemple qui m'avait vivement frappé. Je vis un jour amener un Kabile qui s'était enfui de Cayenne, et devant moi, il raconta son histoire. Condamné par le jury de Constantine, pour je ne sais quel crime, il avait été déporté en Guyane. Il parvint au bout de quelque temps de captivité à s'enfuir sur une petite barque, en compagnie de plusieurs autres forçats. Ils naviguèrent longtemps, me dit-il, suivant la côte, sans savoir où ils allaient; de temps à autre, ils accostaient pour chercher de la nourriture; ils vivaient de fruits ou de racines sauvages; de quelques animaux qu'ils pouvaient atteindre à la chasse; enfin, il parvint à une ville dont il ne sut jamais me dire exactement le nom, mais c'était au Brésil, et probablement à Pernambuco. Là, mon Kabile se fit débardeur. Il travailla sur le port à décharger des navires. Il gagnait bien sa vie et il économisait, car il voulait revoir son pays, sa famille, ses enfants qu'il avait laissés au village. Il eût bientôt l'argent nécessaire pour prendre passage sur un bateau qui allait à Lisbonne. Son plan était d'arriver à Tunis, de rentrer de là dans la petite Kabilie qui n'en est pas fort éloignée; de prendre sa famille avec lui, et d'aller s'établir en libre pays musulman. Mais pendant son absence, Tunis était devenu pays français! Il changea alors ses dispositions. Il aborda à Tanger; et à pied, seul, à travers le Maroc, le département d'Oran, celui d'Alger, il arriva dans les montagnes des Babors. Il y retrouva son village et sa famille, mais pour bien peu de temps. Un de ses ennemis connut sa présence, le dénonça, et le livra à l'autorité française. J'eus un regret de ne pouvoir rien faire pour lui. Cet homme ne parlait pas un mot de français : il ignorait le portugais et l'espagnol bien entendu ; il n'avait absolument aucune notion de géographie, il ne connaissait rien de ce que pouvait être l'Europe ou l'Amérique; à peine savait-il vaguement ce qu'étaient les pays musulmans voisins de l'Algérie. Il avait triomphé de tous les obstacles, et du plus grand de tous, de son ignorance, à force de volonté et d'ingéniosité.

On pourrait citer d'autres exemples encore non moins frappants que celui-là. Il est bien connu que les Kabiles font des commerçants remarquables; non pas qu'ils pratiquent ce qu'on nomme le grand commerce; cela dépasse leur portée de toutes manières; mais ils sont colporteurs, porte-balle, comme on dit dans nos campagnes, et ils s'entendent à ce métier à gagner de petites fortunes. Rien n'est plus hasardeux, en Kabilie même, que l'existence d'un colporteur. Dans cette race où la vie humaine est comptée pour rien, où la cupidité de tous est inouïe, où la pauvreté aiguise l'avarice, le colporteur risque chaque jour d'être assassiné; s'il gagne 100 et 200 pour 100 sur les petits objets dont il trafique, ce n'est que la juste compensation des dangers auxquels il est exposé. Il va pourtant dans le pays; il hasarde, il joue la vie pour la fortune; pour une fortune kabile, c'est-à-dire pour bien peu de chose. Et souvent il va très loin, hors de son pays, dans l'inconnu et il réussit quelquefois. En ce moment même, à Paris, vous pouvez en rencontrer qui sont camelots, marchands d'étoffes vaguement orientales, de cacahouettes, d'objets de si peu de valeur, qu'on se demande quel gain ils peuvent bien faire dans un pareil commerce. En 1892, il y en avait un établi colporteur dans l'arrondissement de Sainte-Menehould ; il gagnait fort honorablement son existence : comment était-il arrivé là ?

Ils sont agriculteurs aussi bons qu'on peut l'être, quand on n'agit que d'après des données empiriques et sans les enseignements modernes de la science ; mais enfin, leur agriculture vaut celle des paysans européens d'il y a cent ans, et même celle de quelques-uns d'aujourd'hui.

Ils savent aussi exercer de petites industries fort analogues à celles qu'exercent les Auvergnats. Quelques villages industriels, celui de Toudja, par exemple, sont curieux à visiter ; les habitants ont su fort bien utiliser, comme force motrice, les eaux qui y tombent en cascatelles. Avant la conquête française, la plus florissante industrie des Kabiles, était la fabrication de la fausse monnaie ; ils la fabriquaient chez eux et l'écoulaient au dehors. C'est maintenant une industrie perdue. Mais ils continuent à être des forgerons, des armuriers assez estimables ; ils ne fabriquent pas de petits couteaux, comme on le fait à Thiers, mais des poignards, des sabres, des instruments meurtriers. Et sous le rapport de leurs aptitudes à la petite industrie et au petit commerce, avec cette facilité qu'ils ont de voyager et d'émigrer, ils ressemblent singulièrement aux Auvergnats. Hâtons-nous de dire qu'ils ne sont pas du tout de la même race que ces derniers; ils en diffèrent de toutes les autres façons, et même par leur structure anatomique : nous avons dit, déjà, que les Kabiles sont tous dolicocéphales très accentués, c'est-à-dire qu'ils ont le crâne étroit et allongé d'avant en arrière; au contraire, les Auvergnats sont tous brachycéphales, non moins accentués, c'est-à-dire qu'ils ont la tête ronde, le crâne presque aussi large que long.

Nous n'avons pas, dit Mardoche, le crâne fait de même.

Et pourtant ces cerveaux construits de façon si différente, produisent sur certains points les mêmes effets.

Avec tous ces dons naturels, toutes ces facultés innées, les Kabiles sont restés des barbares. Ils en ont l'esprit extérieur, les mœurs, la conception de l'existence. Ils ont toujours été incapables de se constituer en un corps de nation, de former une société véritablement organisée et civilisée. Leurs coutumes séculaires, leurs fameux canouns, qui semblent remonter jusqu'à l'époque de la domination byzantine, puisque le mot qui les désigne est un mot grec, n'ont jamais été dans la réalité que des fictions, que des fantômes de lois, qui disparaissaient à tout instant devant la seule autorité que reconnaisse le barbare, devant la force.

C'est que les Kabiles n'ont développé aucune

faculté d'intelligence d'ordre supérieur. Leur esprit est terre à terre et ne s'élève pas si peu que ce soit dans l'idéal ; il paraît dépourvu de toute sorte d'imagination, de toute faculté d'invention, de toute aptitude de perfectionnement.

Il n'est pas artiste le moins du monde. Pour lui, il n'y a que l'utilité qui compte : pour l'agrément, il n'y pense pas. Voyez sa maison : elle est conçue uniquement pour l'abriter : elle est solide, c'est son principal mérite ; il s'y trouve dans une sécurité assez grande, très protégé contre les intempéries, et assez bien prémuni contre ses ennemis. Mais tout y décèle une vulgarité extrême d'habitudes et d'esprit. Elle ne comporte pas un seul ornement ; elle n'est décorée d'aucune façon, elle manque de toute élégance. C'est le logis du rural absorbé par les soins de son existence, qui vit les yeux fichés en terre, sans jamais les élever plus haut que les mottes de son sillon. Voyez les instruments dont il se sert, ses outils, son pauvre mobilier. Tout cela se compose de bien peu d'objets, et comme ils sont laids et pauvres à regarder ! A peine peut-on signaler quelques sabres, quelques poignards, ornés de dessins barbares, quelques poteries que fabriquent les vieilles femmes, qui sont grossièrement enluminées, et d'un dessin grotesque. Les nègres du Congo, les papous de l'Océanie font infiniment mieux. Sans doute, ils ont plus de temps à eux, ils ne sont pas absorbés tous les instants de leur vie par le souci unique de la conservation ou de l'intérêt.

Les Kabiles n'ont aucune littérature. Je pense qu'il est impossible de trouver un peuple n'importe lequel qui en soit aussi dépourvu qu'ils le sont. Leur langue ne s'est jamais écrite. Jamais un seul d'entre eux n'a eu l'idée d'en faire l'analyse, d'en constituer seulement la grammaire. Le premier essai de grammaire kabile est dû au général Faidherbe. Ils ont toujours croupi dans l'ignorance la plus complète. Ceux d'entre eux qui recevaient quelque apparence d'instruction, le devaient aux tolbas arabes, c'est-à-dire qu'ils apprenaient l'arabe, pour pouvoir lire le Coran, et les Kabiles qui ont appris à écrire, ont écrit en arabe seulement. Le plus grand historien qu'ait produit la littérature arabe, peut-être même le seul esprit profond et philosophique qu'on puisse rencontrer dans cette littérature, Ibn Khaldoun, était un Kabile ; il détestait les Arabes ; pourtant, c'est en langue arabe qu'il écrivit son ouvrage. Même les titres de propriété, dont il y a tout de même quelques-uns qui sont authentiques, sont rédigés en arabe, comme autrefois, c'était en latin que se faisaient chez nous tous les actes. Mais l'écriture n'est pas un instrument essentiel pour une littérature. Tous les peuples artistes et poètes ont eu de nombreuses productions de l'esprit avant de savoir écrire. La mémoire des hommes en gardait le dépôt, et c'est elle le plus souvent qui les a conservées. Il n'y a qu'à rappeler les aèdes chez les Grecs, les bardes chez les Celtes. Chez les Kabiles, rien d'approchant. Il y a bien chez eux quelques individus qui font métier de chanteurs publics : mais ils sont méprisés et à juste titre, car ce sont des bouffons bas et vulgaires qui ne chantent guère que des obscénités. Dans ce peuple, pas de souvenirs, pas de traditions, pas de légendes. Pour lui le passé et l'avenir ne semblent pas exister; il ne vit que pour le présent, en dehors duquel rien ne l'intéresse.

Ce rétrécissement intellectuel se comprend jusqu'à un certain point chez une population composée comme celle-là : ils sont presque tous des paysans pauvres, vivant dans un état d'insécurité permanente; donc absorbés par la préoccupation de se procurer les moyens de vivre; et quand ils les ont, par la préoccupation de les conserver. Pourtant il y en a toujours eu parmi eux qui se sont élevés au-dessus de cet état : leurs républiques avaient des chefs, et il y avait aussi les chefs des partis qui luttèrent les uns contre les autres au sein de la république comme chez tous les peuples libres. Ceux là devaient bien avoir quelques loisirs, puisqu'ils avaient le temps de s'occuper de l'intérêt général, outre le leur propre. Mais c'est à cela que s'est borné tout l'effort intellectuel de la race : faire de la politique, c'est-à-dire s'occuper de l'intérêt général, qui est encore de l'intérêt. Pour se livrer à une occupation désintéressée, à l'étude, à la contemplation, à la réflexion, sources de toutes les inventions dans les arts, personne parmi eux n'en a jamais conçu l'idée.

Il faut probablement attribuer pour une bonne part cette stérilité, aux principes de la religion islamique. Mahomet n'estimait pas les artistes ni les poètes. Platon avait banni Homère de sa république. Mahomet était de l'avis de Platon. « Vous dirai-je quels sont les hommes sur lesquels descendent les démons; ils descendent sur tout menteur livré au péché; et enseignent ce que leurs oreilles ont saisi : or la plupart mentent. Ce sont les poëtes que ces hommes égarés suivent à leur tour... » (chap. 26, verset 222 et suivants).

Cependant, les facultés de Mahomet étaient surtout celles d'un poëte. Mais, après lui, la poésie arabe si brillante auparavant a singulièrement décliné! Et cela est dû à ce qu'il a supprimé les fêtes célébrées tous les ans au marché d'Okadh et qui était un véritable tournoi de poëtes. Il n'était pas plus favorable aux arts plastiques. Cependant, aucun texte du Coran ne défend formellement de représenter des êtres vivants, hommes ou animaux. Sur ce point, la tradition a enchéri sur les prescriptions véritables et les a étendues dans le sens le plus restrictif : « O croyants... les statues...

sont une abomination inventée par Satan ». Mais dans le texte du Coran, il paraît que le mot arabe employé par Mahomet signifie non pas précisément des statues, mais de ces pierres levées qui servaient d'autels, ou de point de ralliement pour certains cultes très anciens. On trouve de ces pierres partout, dans tous les pays de l'ancien continent. Par haine des cultes païens et chrétiens, qui usent si largement de la représentation des êtres animés, les Musulmans rigoureux ont étendu ce texte à toutes les figures, sans exceptions. Et aujourd'hui, ils admettent tous que leur loi leur interdit de pratiquer la peinture et la sculpture. C'est exclure les plus beaux de tous les arts.

Et puis, il y a l'esprit général de cette religion. Islam, veut dire résignation, et le conseil que donne cette religion, c'est de se résigner. Non pas sans doute que le croyant doive se résigner en toutes choses : qu'il doive se résigner à rester pauvre s'il est né dans la misère, à rester obscur et inconnu, à ne jamais rechercher ni les dignités et les honneurs ni le pouvoir. Non pas cela. Mais le Coran enseigne en général, que le monde créé par Dieu, est bien comme il est, qu'il ne peut pas être meilleur, et qu'en tous cas il n'y a pas lieu de chercher à le modifier puisqu'il est au-dessus des forces de l'homme de modifier l'œuvre de Dieu. Il enseigne qu'il faut suivre le cours des choses et ne pas s'efforcer à le détourner; il enseigne donc que l'effort intellectuel est inutile, puisqu'il ne peut pas servir à changer les conditions prescrites par Dieu même à l'humanité. Et de cet enseignement général qui découle immuablement de l'optimisme puéril de ce livre, vient à n'en pas douter la stérilité intellectuelle des peuples musulmans, même de ceux qui sont d'ailleurs les mieux doués par la nature.

En ce qui concerne nos Kabiles, ajoutez à l'influence déprimante de la religion, celle du pays qu'ils habitent; ajoutez les mœurs qu'impose et que favorise sa configuration; l'absence dans ce pays de toute grande ville, de tout centre favorable à la culture de l'esprit; le morcellement imposé par la nature en toutes petites peuplades, parmi lesquelles il n'a jamais pu s'élever ni un grand chef, ni un grand homme dont la vie, dont les exploits aient frappé l'imagination populaire, vous expliquerez peut-être la persistance de cette stagnation dans la barbarie d'un peuple pourtant si bien doué au point de vue de l'intelligence.

Penchants, Industries, Caractère

Qu'ils soient en effet des barbares, rien ne le fait paraître mieux que leur absence complète de scrupules, que leur ignorance absolue de toute morale sociale. Chacun d'eux n'a en vue que la satisfaction de ses appétits, de ses besoins, de ses passions personnelles, et se montre incapable d'en rien sacrifier au profit général de la société. Pour mieux dire, ils ne conçoivent même pas l'idée qu'ils en doivent faire un sacrifice quelconque. Pour jouir, pour se satisfaire, tout leur est bon; ils ne reculent devant rien. Menteurs, fourbes, cupides, sans aucun frein, sans idée de pudeur, sans respect de la vie ou de la souffrance humaine, tels ils me furent dépeints quand j'arrivai, et tels je les trouvai après les avoir pratiqués longuement. Énumérer les traits de leur caractère, ce n'est presque énumérer que de mauvais penchants, du moins, d'après nos idées à nous, mais du reste nullement d'après les leurs; car ils n'ont pas du tout nos conceptions morales sauf sur un petit nombre de points, et dans la plupart des cas, ils estiment et tiennent à honneur ce que nous considérons comme méprisable, et même comme criminel.

Mais aussi, ce qu'on découvre après les avoir étudiés, c'est qu'ils sont intelligents, laborieux actifs : qu'ils sont faciles à discipliner, capables de s'instruire ; surtout, ce sont des hommes libres avec tous les instincts, bons ou mauvais, toutes les passions, bonnes ou mauvaises, qu'a pu implanter en eux la liberté sans limite, presque sans frein, dans laquelle leur race a toujours vécu, aussi loin qu'on puisse la connaître dans l'histoire.

De cela, on s'aperçoit tout d'abord aux métiers qu'ils exercent et au degré d'estime qu'ils ont pour ces métiers. Nous avons dit que les Kabiles sont des ouvriers laborieux, qu'ils se livrent à l'agriculture, aux petites industries, au commerce ; ce sont là des professions que nous considérons comme régulières et estimables. Ils en ont d'autres. Nous avons dit aussi qu'avant la conquête française, la principale industrie des Kabiles, et la plus fructueuse peut-être, était la fabrication de la fausse monnaie. C'est une industrie que notre police a fait disparaître. Beaucoup d'entre eux sont voleurs de profession. On en désigne qui se sont enrichis par toute une existence consacrée à la pratique du vol. Ceux-là ne sont de la part de leurs compatriotes l'objet d'aucun blâme, d'aucun mépris. Au contraire, ils ont réussi dans un métier périlleux; ils jouissent de l'estime publique. Je n'hésite même pas à dire que le Kabile qui doit son aisance au vol, est plus estimé dans l'opinion que celui qui doit la sienne à un de ces métiers que nous considérons nous, comme seuls réguliers et honorables, artisan, commerçant, agriculteur par exemple. Ils ne volent jamais dans leur village ou dans leur tribu; mais c'est pure affaire de précaution. Ne croyez pas qu'ils se fassent aucun scrupule de détrousser leurs voisins; ils n'y manqueraient pas à l'occasion. Seulement si le voleur exerçait son industrie dans ses environs immédiats, l'existence lui serait bien vite rendue impossible ou plutôt, il risquerait par trop de passer rapidement de vie à trépas; car le Kabile est un propriétaire féroce, et il n'hésitera jamais à se défaire par tous les moyens possibles de celui qui porte atteinte à sa propriété. Aussi, le voleur de profession va-t-il au loin exercer sa noble industrie; il rapine à l'extérieur, rapporte dans sa tribu le produit de ses exploits, et tout ce qui vit autour de lui, plus ou moins en profite. S'il agit en se conformant à cette règle de prudence, on ne le dénonce jamais. Mais il y a une formule sur laquelle il ne faut pas se tromper : quand on demande aux autorités indigènes d'une tribu kabile : « Un tel, qui habite chez vous, c'est un voleur? » S'ils vous répondent comme il arrive souvent : « Un tel, il n'a jamais volé chez nous », vous pouvez avoir votre opinion faite et bien justifiée sur lui : c'est un voleur de profession.

Il ne faudrait pas du tout conclure de ce qui vient d'être dit que les seuls voleurs qu'il y ait en Kabilie sont les voleurs de profession; pour nombreux que soient ces derniers, il y en a encore bien d'autres, et l'on peut dire sans risque de se tromper que tout Kabile devient voleur quand il en trouve l'occasion. S'approprier le bien d'autrui leur paraît à tous une action toute naturelle; ils volent sans hésitation, sans scrupule, sans concevoir même qu'on puisse éprouver un scrupule à faire une chose aussi simple, et s'ils sont jamais retenus, c'est par la crainte de se faire prendre. Il n'y a aucune exagération à dire que pour eux, le vol n'est pas une mauvaise action; la seule distinction qu'ils fassent à son sujet, c'est que dans certains cas, c'est une action sans danger et qu'elle est périlleuse en d'autres cas.

Le recéleur de profession est encore beaucoup plus estimé que le voleur. Le voleur est obligé de se cacher au moins jusqu'à un certain point et dans de certaines occasions; pour le recéleur, au contraire, il exerce son métier ouvertement, sans dissimulation, comme sans crainte. Il n'y a aucune exagération à dire qu'il jouit de la considération générale. Cela s'explique : chez lui, la victime du vol peut retrouver l'objet volé et rentrer en sa possession moyennant un prix raisonnable ; le recéleur est d'une façon barbare, une sorte d'assureur contre le vol ; les Kabiles, gens extrêmement pratiques, apprécient les services qu'il rend de cette façon et le récompensent de ces services en lui assurant honneur et profit.

Il est une industrie pour laquelle les gens de l'Europe, tout en la laissant pratiquer chez eux, ont toujours montré et montrent de plus en plus de l'horreur et du mépris. C'est celle qui consiste à tirer parti des femmes en les prostituant. Il n'en est point ainsi dans la Petite Kabilie. La prostitution de la femme y paraît chose absolument naturelle et même normale, et cela tient sans doute au mépris parfait que les Kabiles ont de la femme et à la situation, ravalée presque jusqu'à l'abjection, dans laquelle ils tiennent chez eux le sexe féminin tout entier. Il y a, aux environs de Bougie, une tribu kabile, celle des Guifcers, très connue pour n'être qu'un immense lieu de prostitution. Là, tous les pères tirent partis de leurs filles en les prostituant. Tout le monde a entendu parler des Ouled Naïls, cette curieuse peuplade berbère du Sahara algérien, dans laquelle toutes les filles exercent le métier de prostituées. Les Ouled-Naïls quittent leur tribu et vont exercer leur profession dans toute l'Algérie. Au contraire, les filles des Guifcers ne quittent jamais la maison paternelle ; elles

y sont exploitées directement et immédiatement
par leur père qui profite seul du produit de leurs
actes; il ne leur en donne rien; il ne partage pas
avec elles. La tribu des Guifcers est renommée
dans toute la Kabilie. Quand un Kabile veut s'amuser et qu'il le peut, qu'il a de l'argent, s'il a été
heureux par exemple dans une opération com-
merciale, s'il a gagné une somme suffisante à
Alger ou à Constantine, ou bien s'il a réussi un
bon coup, fait un vol lucratif, ou commis un
meurtre profitable, il va chez les Guifcers et il y
dépense gaiement tout ce qu'il a gagné.

Est-ce parce que cela s'est toujours passé ainsi
depuis des siècles et que l'habitude qu'on a de
voir les choses empêche de les juger; est-ce parce
que réellement les Kabiles trouvent ces façons
d'agir toutes naturelles, toujours est-il que je n'ai
jamais entendu aucun d'eux blâmer les Guifcers
ou les taxer d'immoralité. Loin de là; un Kabile,
homme bien posé, riche, considéré, me disait un
jour : « Les Guifcers sont une tribu heureuse et
prospère; ils sont bons négociants et font de
bonnes affaires; leur territoire est fertile et couvert d'arbres fruitiers qui rendent beaucoup, *enfin
leurs femmes leur sont aussi d'un excellent rapport.*»
Il disait cela avec un calme parfait, du ton le
plus sérieux, sans aucune intention ironique. Et
bien certainement ce qu'il m'a dit ainsi, tous les
autres le pensent également.

Ce qui le prouve, du reste, c'est que les filles des Guifcers, après avoir été prostituées dans la fleur de leur jeunesse, de 14 à 18 ou 20 ans, prennent en général leur retraite à cet âge, et qu'alors elles se marient tout aussi convenablement que les autres femmes kabiles. J'ai connu personnellement un musulman notable, employé au service de l'administration française qui avait épousé légitimement une fille des Guifcers. Personne parmi les indigènes ne trouvait rien d'extraordinaire à son mariage, et il n'en était pas moins bien considéré pour l'avoir conclu. Quant aux femmes de la Petite Kabilie combien y en a-t-il, dans toutes les tribus, qui ont été prostituées une ou plusieurs fois dans leur existence! Et à la vérité, on peut se demander si l'état de mariage n'est pas pour elles aussi dégradant que celui de la prostitution. C'est un sujet sur lequel il y aura lieu de revenir dans un chapitre spécial sur les femmes.

Vendre à faux poids, tromper sur la qualité ou la nature des marchandises, frauder dans les transactions quelles qu'elles soient, tricher au jeu, c'est monnaie courante, et tout Kabile le fait ou l'a fait au moins une fois dans sa vie. Celui qui est victime de la tromperie en manifeste toujours une colère extrême et cherche aussitôt à se venger par la violence. Je pense que cette colère vient du froissement d'amour-propre qu'il éprouve d'avoir été pris pour dupe et de s'être montré moins habile que son adversaire, car en réalité, trompeur et trompé, tous les deux, invariablement ils ont joué au plus fin.

Il existe aussi des fabriques connues de faux certificats, de faux actes de propriété, de faux testaments, etc. etc. On est en droit d'affirmer que dans les procès entre Kabiles une bonne partie des titres produits devant la justice, sortent de ces fabriques-là. Ils sont souvent mis en usage, car le Kabile est un enragé plaideur et un procédurier inépuisable. Cela ne doit pas étonner puisqu'il est très âpre au gain, qu'il a l'esprit de combativité très développé, qu'il est rusé et subtil. Les fabricants de ces titres étant nécessairement des hommes d'une instruction très supérieure à celle de tous leurs concitoyens sont l'objet d'une considération et d'un respect tout particuliers.

Les Kabiles sont adroits de leurs mains; ils apprennent vite à écrire, et deviennent rapidement des calligraphes distingués : j'en voyais un, assez souvent, s'exercer à écrire, de telle façon qu'il était parvenu à posséder plusieurs écritures distinctes; il avait l'écriture de plusieurs personnes différentes; il ne me cacha pas qu'il s'exerçait ainsi pour arriver à composer ingénieusement des actes faux au profit de qui les lui paierait bien.

Le métier de faux témoin est aussi pratiqué de façon courante par nombre de Kabiles; sur toutes les djemaas, dans tous les cafés indigènes, vous trouvez des individus qui tirent de ce métier des ressources appréciables. Ils vendent leur témoignage pour faire absoudre un coupable et tout aussi bien pour perdre un innocent ; ils le feront injustement condamner aux travaux forcés, même à la mort : peu leur importe ; cela dépend du prix. Et ce qu'il y a de dangereux, c'est qu'ils mentent avec beaucoup d'art. Le Kabile a la mémoire excellente et l'esprit précis. Quand il sait une fois sa leçon, il la répète imperturbablement. Il indique les circonstances particulières du fait, il insiste sur les détails ; tout son témoignage est inventé, et il témoigne avec une sûreté, un aplomb qui déconcerte. Il est bien plus fort que son voisin l'Arabe, dont l'intelligence incertaine et flottante conserve toujours quelque chose d'enfantin. Lui, le Kabile, il ment, il trompe avec des facultés viriles. Les faux témoins s'entendent entre eux, se partagent les rôles et les jouent dans la perfection. Impossible de les faire dévier dans leurs dépositions, d'arriver à ce qu'ils se coupent. Leurs paroles, leurs gestes, leur visage, tout est composé de telle sorte que vous ne trouvez pas le défaut. Il n'y a qu'un petit détail auquel vous pouvez vous apercevoir qu'ils mentent : c'est quand ils essaient de cacher leur bouche soit en la voilant d'un coin de leurs habits, soit en passant fréquemment la main sur leurs lèvres. Cela tient à un de leurs préjugés qui leur est commun avec les Arabes; ils croient que l'homme peut commander à l'expression de ses yeux et ne peut pas le faire à celle de sa bouche. Mais de savoir qu'ils mentent, cela ne vous fait pas connaître la vérité qu'ils vous cachent. Et ils appuient leurs mensonges de tous les serments qu'on se figure être sacrés pour eux; ils jurent sur le Coran, ils jurent sur la tête de leur père! ils jurent sur tout ce qu'il vous plaira. Que leur importe? Qu'est-ce que c'est qu'un serment pour eux?

Tout ce que font ces faux témoins, tout ce qu'ils sont, chacun le sait; on les tolère, on ne leur fait pas pire visage qu'à d'autres; on les ménage parfois, par crainte ou par le sentiment qu'on aura besoin d'eux, et leurs compatriotes ont l'air de dire : ils font cela pour vivre; il faut bien aussi que tout le monde vive!

Et c'est, qu'en effet, le problème de l'existence se pose, à la plupart des Kabiles sous sa forme la plus simple et la plus dure; c'est une question pour la grande majorité d'entre eux de savoir comment ils mangeront, et même s'ils mangeront le lendemain. Leur pays est surpeuplé; la densité de la population y égale et même y dépasse celle des pays les plus peuplés du monde, de la Chine, de la Belgique, de la Lombardie. Mais ces pays-là ont une industrie, un commerce étendu, une richesse acquise, et puis, leur sol est riche et productif.

La Kabilie n'a rien de tout cela; elle est pauvre, son sol est médiocre; malgré tout le soin que ses habitants mettent à le cultiver, il produit à peine dequoi nourrir mesquinement sa population. Celui qui possède un champ, réussit à vivre sur lui tant bien que mal. Mais malgré le morcellement inouï de la terre en ce pays, tous les Kabiles ne sont pas propriétaires, loin de là. Et comment vivra-t-il, celui d'entre eux qui ne l'est point? En résumé, le Kabile est un pauvre diable; il est naturel qu'il ait la morale convenable à son état et cette morale peut se résumer ainsi : il faut vivre d'abord, vivre à tout prix, vivre n'importe comment, vivre aux dépens de n'importe qui.

Ils ont, il est vrai, des habitudes de charité et d'assistance solidaire qui sont sanctionnées par la loi religieuse et par la coutume. On sait que le Coran fait une obligation de la bienfaisance et qu'il fixe même le taux que doit payer chaque fidèle sur son revenu pour soutenir ceux qui ne possèdent rien (2 p. 100). D'après les coutumes kabiles, les riches de chaque village se cotisent pour donner des secours aux indigents; il y a un véritable bureau de bienfaisance organisé par la djemaa. Mais ces secours sont naturellement fort maigres : ils suffisent tout juste, quand ils y suffisent, à empêcher de mourir de faim ceux qui les reçoivent. Cela ne peut pas étonner : ceux-là même qui donnent n'ont pas toujours de quoi se rassasier. La population de la Kabilie, prise en masse, reste toujours sur sa faim. Il est incontestable que les trois quarts de ceux qui la composent vivent et meurent sans avoir une seule fois dans leur existence mangé à leur appétit. On vante leur sobriété; et en effet, combien d'entre eux voit-on se contenter par jour d'une poignée de glands doux, de quelques olives, d'une galette de farine d'orge assaisonnée d'huile rance, ou de toute autre nourriture aussi peu généreuse! Mais cette sobriété n'est pas le moins du monde volontaire ou naturelle. Au contraire, le Kabile est gros mangeur, et quand cela lui est possible, il dévore, autant certainement que le Septentrional le plus vorace. Il aime la viande à la passion; une des occupations les plus importantes des autorités villageoises en Kabilie, c'est de faire des distributions de viande aux habitants. Quand un animal domestique, un bœuf par exemple, s'est tué par accident, ou bien qu'il a reçu une blessure qui le rend impropre à tout service, on le dépèce, et on distribue sa chair; on appelle cela faire un time-cheret. C'est une occasion de fête, dans le village; c'est aussi une occasion de troubles; les gens mal partagés se plaignent, et le Kabile se plaint rarement sans frapper; le geste violent est aussi prompt chez lui que la parole. L'homme riche qui veut devenir populaire et influent, qui veut commander à un çof, n'a pas de meilleur moyen pour parvenir à son but que de donner des repas dans lesquels il fait manger beaucoup de viande. En somme, le Kabile est un pauvre diable doué d'un robuste appétit et qui est obligé de se restreindre.

Ils ont un autre appétit, c'est l'appétit érotique qui n'est guère moins lancinant chez eux que l'appétit de l'estomac. Celui-là, en Kabilie, ne se se satisfait qu'à prix d'argent. Aucune femme en ce pays n'est libre de disposer d'elle-même; toutes sont toujours sous la dépendance de leur père ou du chef de leur famille, et ceux-ci ne permettent la jouissance durable ou momentanée de la femme qu'à prix d'argent. Il est vrai que les femmes mariées sont faciles, mais l'amant risque toujours sa vie. Il faut donc de l'argent au Kabile. Malgré la mesquinerie de son existence, la nécessité de l'argent se présente à lui comme plus inexorable encore qu'à l'Européen. Qu'y a-t-il donc d'étonnant à ce qu'il soit peu scrupuleux sur les moyens de s'en procurer? Ne faut-il pas qu'il vive et qu'il perpétue sa race? Ce sont là des besoins qu'on satisfait malgré tout et devant lesquels il n'y a pas de morale qui tienne. Et puis, comme ils en sont tous, ou peu s'en faut, au même degré, ils sont indulgents les uns pour les autres. Dans cette population, le nombre des gens intéressés à sauvegarder la morale sociale est encore trop petit; ils ne constituent pas une masse suffisante pour diriger l'opinion et la tourner contre ceux qui enfreignent cette morale. Et puis ceux qui ont cet intérêt, ce sont justement ceux qui possèdent, et parmi ceux-là combien y en a-t-il qui ne doivent ce qu'ils ont qu'à la fraude, à la violence, à tous les moyens les plus contraires à la morale nécessaire au maintien d'une société civilisée ? Ils seraient vraiment sans autorité pour prêcher la bonne foi, la modération et le respect des lois.

On ne peut pas s'étonner de voir une population dont les sentiments sont restés primitifs, glorifier la fraude et la violence. Est-ce que les récits de la Bible ne sont pas pleins de traits de fraudes heureuses, approuvées et présentées comme des exemples à suivre? Les Spartiates admettaient le vol; ils punissaient le voleur qui se laissait prendre: c'était punir la maladresse dans le vol, et non pas le vol lui-même. Tacite nous dit que les Germains aimaient mieux vivre de brigandage et de rapine que de travail. Il n'y a pas longtemps, toutes les nations civilisés de l'Europe admettaient la course en temps de guerre, et les exploits des corsaires sont célébrés par maint historien à l'égal de ceux des plus fameux héros. Au xvie, au xviie siècle, même en pleine paix, on admettait la piraterie, pourvu qu'elle fût exercée au-delà de l'équateur, dans la partie australe encore vaguement connue de notre globe. Personne n'avait le moindre blâme pour celui qui tirait fortune d'une pareille pratique. Enfin, si on en croit les mémoires du temps, à la Cour même du Grand Roi (Voyez les mémoires célèbres de Grammont), dans le Versailles de Louis XIV, plus d'un gentilhomme trichait au jeu, et l'opinion était pour ceux-là d'une singulière indulgence. Il n'y a donc pas si longtemps que notre morale à nous était tout près de celle des barbares.

Tous ces sentiments, toutes ces façons d'agir puisent leur origine dans un respect prodigieux de l'argent. Les métaux précieux sont incorruptibles; ils gardent leur pureté, quels que soient les moyens par lesquels on les acquiert, et sans doute ceux qui les ont acquis participent nécessairement de cette pureté. C'est là ce que pensaient nos aïeux, c'est là ce que pensent la plupart de nos contemporains; les Kabiles, peut-être, ne le pensent pas, parce qu'ils ne pensent guère, mais ils agissent comme s'ils le pensaient.

Rien ne leur coûte pour satisfaire leur âpre envie de *gaaigner*. Pour dépouiller un homme, quand il ne se laisse pas faire, il faut quelquefois le tuer; et le Kabile qui vole ne recule pas devant l'assassinat. J'ai eu l'exemple de deux d'entre-eux qui avaient travaillé pendant une saison dans la ferme d'un colon des environs de Constantine; ils se connaissaient d'enfance, étant du même village; ils avaient vécu en bons camarades pendant tout le temps de leur service chez le colon; ils revenaient ensemble chacun avec son pécule. L'un des deux assassina l'autre en chemin et le dépouilla. C'était un misérable, dira-t-on, et il y en a de semblables partout; mais ce crime horrible n'excitait pas plus d'indignation que tout autre; l'opinion des indigènes l'acceptait, et c'est là, ce qu'il faut remarquer. Il est notoire que le Kabile ne pratique pas la vertu qu'ont presque tous les barbares : il n'a pas le respect de l'hospitalité. Les exemples seraient innombrables de gens, dans ce pays, qui ont assassiné leurs hôtes pour les dépouiller, et qui ont commis ce crime même dans leur propre maison. Le Kabyle ne respecte l'hospitalité que lorsqu'il existe au préalable entre lui et celui qu'il héberge ou par lequel il est reçu, ce qu'on appelle l' « Anaïa ».

L' « Anaïa » est une sorte de promesse de protection et d'assistance réciproques en vertu de laquelle celui qui la donne s'engage à défendre de tout son pouvoir contre toute attaque, celui qui la reçoit, et à lui fournir tous les secours qu'il sera en possession de lui procurer. Elle est en général le résultat d'un contrat, de ceux que les juristes romains nommaient contrats *do ut des*, « je te le donne pour que tu me donnes ». La promesse de protection et de secours s'échange d'ordinaire entre deux hommes qui habitent des villages différents, chacun d'eux promet de défendre l'autre quand celui-ci viendra lui demander l'hospitalité. En ce cas, l'hôte est généralement respecté. Mais il faut cette protection spéciale.

Voilà notre Kabile devenu capitaliste : il l'est devenu tantôt par une voie, tantôt par une autre : très souvent, disons-le et répétons-le, par une de celles que nous considérons comme honorables par le travail louable et régulier; assez souvent aussi grâce à des moyens que nous considérons comme criminels, que sa morale à lui admet plus ou moins, qu'elle ne condamne en tout cas que faiblement. N'importe, il a réussi, c'est l'essentiel, le succès justifie tout; il est universellement considéré; il jouit de l'estime de tous ses concitoyens.

Quand on possède honneurs et fortune, on songe à augmenter tout cela; en tout pays, l'homme qui a des capitaux, se fait marchand d'argent; il devient banquier. Nulle race ne pratique la banque comme la race kabile et bien entendu, banquier chez elle, veut dire ce que nous nommons usurier. Nulle part au monde l'usure n'est pratiquée plus couramment, avec plus d'impudence, avec une pareille âpreté. Les taux de 30, 40, 50 p. 100 sont usuels. Le remboursement du prêt et des intérêts est poursuivi par tous les moyens, surtout par la menace et la terreur; car le banquier par cela seulement qu'il est riche, est puissant et peut nuire même à la vie de l'emprunteur qu'il tient à sa merci. On parle des Juifs ! Ils sont peu de chose à côté des Kabiles! Du reste, s'il y a des Juifs et nombreux, dans les tribus arabes, il n'y en a pas parmi les Kabiles; ils ne sont pas de force ils ne peuvent pas y rester.

Une seule situation peut surpasser aux yeux d'un Kabile celle de capitaliste; c'est celle de fonctionnaire public. Cela peut sembler singulier; nous ne considérons pas les fonctions publiques comme essentiellement lucratives, surtout celles qui peuvent être à la portée d'un indigène algérien, et l'on ne voit pas d'abord ce qu'elles peuvent avoir de séduisant pour des individus dont une des passions principales paraît être la cupidité. Si ces fonctions sont recherchées à l'excès parmi nous, c'est moins pour le gain qu'elles procurent que pour la considération et surtout pour la sécurité qu'elles semblent assurer au prix d'efforts médiocres. Mais il n'en est point ainsi pour un homme de civilisation orientale, et là-dessus, le Kabile agit et pense comme toujours et de tout temps l'ont fait tous les Orientaux sans exception.

Ils ont toujours admis que celui qui détient une part de l'administration publique doit se servir des pouvoirs qu'elle lui confère pour s'enrichir aux dépens des administrés. Pour eux, gouverner ses semblables, c'est avoir le droit de les exploiter. Le désintéressement dans la vie publique, le désir d'être gratuitement utile à ses concitoyens, l'ambition de se sacrifier sans récompense à la communauté, toutes les vertus républicaines des héros de Plutarque, je ne dirai pas que cela leur semble des fables, des contes à dormir debout, car pour que cela fît pareille impression sur leurs esprits, encore faudrait-il qu'ils en aient entendu parler. Mais ils n'ont pas le moindre soupçon que pareille chose puisse exister, même en imagination. Donc pour eux, que le fonctionnaire accorde à prix d'argent les faveurs dont l'administration dispose, qu'il accepte des pots de vin, qu'il ferme les yeux, s'il a reçu rétribution suffisante, sur les faits délictueux qu'il devrait dénoncer ou poursuivre, que même le juge rende des sentences vénales, en un mot que tous se livrent aux prévarications les plus condamnables à nos yeux, cela ne leur paraît aucunement extraordinaire, car depuis qu'il existe des gouvernements orientaux, les choses se sont toujours passées de cette façon, et ils ne conçoivent pas qu'elles puissent se passer autrement.

Les fonctions publiques leur procurent donc tout ce qui semble le plus désirable à l'homme de l'Orient : la richesse et les honneurs ; il faut entendre par là les marques extérieures de considération que donne le pouvoir, les costumes, les uniformes, les décorations, les places dans les cérémonies publiques, la jouissance d'être recherché, entouré, salué par les autres hommes. Pour l'honneur, ce n'est pas la même chose. Ils en ont aussi leur conception qui n'est pas tout à fait la même que la nôtre.

En résumé, la société kabile en est encore à ce point de morale primitive où les actions ne sont point jugées en elles-mêmes, mais au contraire par rapport au profit qu'on en peut tirer. Pour subsister sur son territoire âpre, montagneux, peu fertile, le Kabile se livre à toutes les industries, à tous les métiers avouables et inavouables; il ne fait pas de différences entre eux; la délicatesse morale n'est pas le fait des hommes primitifs; pour eux, le succès est tout. Pourvu qu'il s'enrichisse, il importe peu au Kabile par quels moyens; il sait que devenu riche, il sera estimé par tous ses compatriotes, quels que soient les procédés par lesquels il est arrivé à la fortune.

Ils mettent à conserver ce qu'ils ont acquis les mêmes soins et la même passion qu'ils mettent à acquérir. Nous avons dit comment ils préservent leurs champs et leurs récoltes; ils montent la garde auprès d'eux comme des factionnaires, l'arme au poing, et ils n'hésiteront pas à tuer le voleur qui essaiera de leur en dérober quelque fruit. Le voleur enrichi, est devenu comme toujours, propriétaire irréductible et farouche; il n'admet pas qu'on use envers lui des procédés dont il a usé lui-même envers les autres. Et quant à celui qui possède grâce à son travail et à son économie, il se juge en droit de défendre par tous les procédés ce qui lui a été si dur à acquérir. Disons ici que l'économie des Kabiles est prodigieuse. Elle est chez eux naturelle et instinctive ; les enfants la pratiquent sans qu'on paraisse la leur avoir apprise. Au printemps, leurs montagnes sont couvertes de violettes : les petits Kabiles en font des bouquets qu'ils vont vendre à la ville ; ils ne gaspillent pas les sous qu'ils récoltent, ils les mettent précieusement de côté. Peu de jours après mon arrivée à Bougie j'achetais un bouquet de deux sous à un petit Kabile qui pouvait avoir huit ou dix ans ; l'enfant, sale et déguenillé, me rendit la monnaie sur une pièce de deux francs ; il tenait son pécule dans une petite bourse de cuir cachée dans un coin de son burnous, et je pus constater qu'il possédait une somme assez rondelette. A tout âge, le Kabile est économe ; il pousse l'économie jusqu'à la plus effroyable avarice, la qualité jusqu'au vice. Seule la fougue des passions, dans une courte adolescence, lui fait quitter quelquefois et pour peu de temps ses habitudes d'épargne. Mais il y revient vite ; et il s'y montre supérieur à ce que se montrent en cette matière nos paysans les plus réputés.

L'esprit et les instincts de ceux-là font fort bien comprendre tout un côté du caractère kabile ; le côté *civilisé*. Le Kabile est essentiellement un paysan ; du paysan, il a le trait de caractère fondamental ; il aime la terre avec passion ; la passion correspondante du paysan français n'est même pas à la hauteur de la sienne; elle est inférieure de beaucoup. Le paysans français aime, dans la terre qu'il possède, la propriété qui le rend indépendant et fier de soi-même; il a l'orgueil du maître qui possède la matière et la domine; mais le Kabile est attaché au sol qu'il cultive par un amour profond jusqu'à la servilité; il est l'esclave volontaire de sa propriété; il y est attaché comme le serf de la glèbe l'était autrefois, et cela par son sentiment seul, puisqu'il est d'ailleurs le plus libre des hommes et qu'il n'a jamais eu de maître. Si, par suite d'un malheur, il cesse d'en être le propriétaire, il ne s'en détache pas pour cela. Il fait tous ses efforts pour y rester comme fermier, comme colon, comme domestique même. Pourvu qu'il reste sur ce sol qui a tout son cœur, il se console de la ruine. Il y est, il en jouit. Il conserve en lui l'espoir toujours présent de le reconquérir. Et il est dangereux de l'en expulser : on s'attire alors sa haine la plus violente; à tout prix, même au péril de sa vie, il ne manquera pas de se venger.

Les faits abondent à l'appui de cette vérité. J'en citerai un seul, que j'ai vu de mes yeux. Un Kabile habitant un village reculé dans la tribu des Beni Slimâne s'était endetté; ses propriétés saisies furent vendues par autorité de justice : elles furent acquises par un habitant de la ville de B... qui n'avait jamais mis les pieds dans le pays où elles se trouvaient. L'acquéreur laissa l'ancien propriétaire sur son bien en qualité de fermier, et fut régulièrement payé de ses fermages; deux fois cependant, il se produisit un retard. Le nouveau propriétaire fait menacer le fermier d'expulsion. Puis pour activer les choses, et aussi pour faire connaissance avec son acquisition, il se rend au village des Beni-Slimâne. Fort heureusement pour lui, il était accompagné de deux autres Kabiles, ses amis. Quand le fermier vit arriver le propriétaire qui le menaçait d'expulsion, il saisit une hache et se précipita pour le tuer. Protégé par ceux qui l'accompagnaient, ce dernier put opérer une retraite prudente. Rentré chez lui, il laissa le fermier en possession; cette façon d'agir le réconcilia avec lui, et ils eurent depuis les relations les plus régulières.

Lorsque sa propriété foncière lui vient de ses ancêtres par héritage, le Kabile l'aime plus encore que lorsqu'il l'a lui-même acquise. Le sentiment familial, si puissant chez lui, s'ajoute à sa passion de la propriété et la décuple. Aussi n'est-il rien qu'il ne fasse pour conserver cette propriété ou pour la recouvrer, s'il l'a perdue. S'il a fait de mauvaises spéculations, s'il s'est ruiné au jeu, s'il est criblé de dettes, il ne consentira pas cependant, à vendre le lopin de terre que son père lui a laissé; il l'engagera, il le donnera en antichrèse, avec cette condition que le possesseur nouveau l'y laissera comme fermier ou comme colon; de cette manière, il ne s'en éloignera pas. Il paiera des intérêts formidables; il les paiera sans hésiter. A force de privations, d'économie, de travail, de vol au besoin, presque toujours il arrivera à se libérer et à réparer les revers dus à la mauvaise chance ou à la mauvaise conduite. Après l'insurrection de 1871, les Kabiles rebelles virent confisquer une assez grande étendue de leurs terres. Celles-ci furent en partie concédées à des colons français, en parties conservées et ont été depuis mises en vente par le gouvernement de la colonie. Les lots mis en vente de cette dernière façon étaient trop considérables pour qu'un Kabile s'en put rendre acquéreur, quand bien même on le lui aurait permis. Mais les concessions faites primitivement aux colons sont souvent composées de lots de peu d'importance. Un grand nombre de ces colons n'ont pas réussi, ou bien ils sont morts. C'est ainsi que le village de la Réunion, créé près de Bougie et peuplé tout d'abord d'Alsaciens-Lorrains émigrés après l'annexion de leur pays à l'Allemagne, a perdu en très peu de temps tous ses habitants de la première heure. Les concessions vendues sont passées en d'autres mains. Il en a été de même de presque toutes les concessions qui furent distribuées au cours des années qui suivirent immédiatement 1871. Depuis longtemps, les Kabiles font tous leurs efforts pour racheter ces terres qui leur furent ainsi enlevées. Ils importunent les détenteurs français, ils les sollicitent de la façon la plus pressante, ils leur offrent des prix excessifs et ils paient comptant. J'ai vu, sous mes yeux, vendre ainsi deux petits lopins de terre qui ont été rachetés par un Kabile fils de celui à qui ils avaient été confisqués. Il les paya cinq fois le prix que les avaient vendus après 1880 les colons alsaciens, à qui on les avait concédés ; et certainement, il les paya le double de leur valeur. Il n'avait pas tout l'argent et il dut emprunter : un de ses compatriotes lui prêta au taux kabile c'est-à-dire à 25 p. 100. Mais il eut la fierté de solder son vendeur européen comptant, le jour de la signature du contrat. Cet exemple n'est pas le seul. Les faits de cette nature se multiplieront certainement, car la colonisation du pays par les Français l'a considérablement enrichi et l'enrichira de plus en plus. La conquête de ce pays aura eu ce résultat paradoxal de tourner au profit du peuple conquis bien plus qu'à celui du peuple conquérant.

Dans cette passion pour sa terre, le Kabile porte un je ne sais quoi d'excessif, d'effréné qui sent le barbare. Mais poussée à ce degré et produisant de pareils effets, cette passion malgré son excès atteint à une essentielle vertu.

Aussi bien, nous n'avons jusqu'ici parlé que des passions en quelque sorte matérielles du Kabile, de celles qui touchent à ses intérêts les plus posi-

tifs. Il en a d'autres, aussi fortes, et dont il poursuit la satisfaction avec le même implacable acharnement. Mais il faut plus de temps pour les
découvrir; c'est un homme fermé, qui n'aime pas
à s'expliquer sur lui-même; et il est d'autant moins
facile de découvrir ses penchants et ses inclina-
tions qu'il cultive le mensonge et la fourberie avec
le plus grand soin, et que certainement il considère la duplicité comme une des principales qualités d'un honnête homme.

Menteurs, ils le sont à un tel point, que lorsqu'on les a pratiqués quelque temps, on peut se
demander s'ils disent jamais la vérité. Il me semble
qu'ils ne croient pas à la vertu de la vérité, qu'ils
s'en défient, qu'ils la considèrent comme nuisible.
J'en ai vu qui se trouvaient dans de mauvais cas
et qui auraient pu s'en tirer très simplement en
racontant les choses exactement telles qu'elles
s'étaient passées. Mais ils ne pouvaient pas se résigner à une action si simple : ils ajoutaient, ou
retranchaient, ils s'appliquaient à enjoliver leur
récit, paraissant toujours convaincus que la vérité
ne serait pas vraisemblable, et qu'on ne la croirait pas. Mis au pied du mur, accablés par les
preuves, ils ne se rendaient pas encore et quand
ils s'en allaient indemnes, je voyais bien à toute
leur contenance, qu'ils attribuaient leur succès à la
fable heureuse qu'ils avaient combinée, et non pas
à la vérité qui seule, pourtant, les avait bien servis.

Il ne faut pas qu'il y ait là sujet de nous trop étonner. Le mensonge est une des armes dont use le plus ordinairement la faiblesse; il faut se sentir fort pour être véridique; nous n'avons pas à en déduire ici les causes, mais c'est là un fait constant. Or, le barbare sent qu'il est faible; il est à la merci de nombre d'événements redoutables; il est isolé; la société dans laquelle il vit le protège peu et mal; pour se protéger, il ne peut compter que sur soi-même; les choses et les hommes l'oppriment de tous les côtés; il saisit pour se défendre toutes les armes qui sont à sa portée; et le mensonge est une de celles qu'il trouve des plus utiles et des plus faciles en même temps. Donc, il ment, il ment sans honte, sans remords, mais au contraire avec une véritable volupté, avec la jouissance de se sentir supérieur par sa finesse, son imagination, la fertilité de son esprit, la subtilité décevante de ses conceptions. N'est-ce pas par de pareils moyens que l'ingénieux Ulysse obtint auprès des humains et des dieux une considération immortelle? Et qu'y a-t-il d'étonnant si le menteur plein d'habileté obtient estime et respect chez ses concitoyens les Kabiles?

J'ai dit déjà quelque part que pendant l'insurrection de 1871, la tribu kabile la plus voisine de Bougie, celle des Beni-bou-Messaoud, était seule restée fidèle à la France, et qu'elle avait fourni un contingent qui avait combattu à côté de nos

soldats, amené et commandé par le caïd Amou
Tahar. Un jour que je donnais de grands éloges
à cette fidélité du caïd, en présence de plusieurs
indigènes, je surpris sur la figure de mes interlocuteurs de ces sourires orientaux qui ne passent
que dans les yeux et ne descendent point jusqu'aux
lèvres. Intrigué, je fis des questions, et je finis
par obtenir la révélation du secret de leur attitude.
Ils me racontèrent que tout en combattant pour
nous, Amou Tahar n'avait pas cessé d'entretenir
des relations actives avec les chefs de la révolte,
et qu'il avait joué un double jeu qui ressemblait
fort à une double trahison. Je commence par dire
que je n'ai aucune raison de croire à la vérité de
ces imputations injurieuses pour l'honneur du
caïd et que les gens qui m'ont affirmé ces faits
ne m'en ont fourni aucune preuve. Rien ne peut
me faire croire qu'il ait été différent de ce qu'il
paraissait être, et je reste convaincu qu'il fut et
resta un loyal serviteur de la France comme il
avait toujours été auparavant. Mais ce que je
veux faire remarquer, c'est que les Kabiles qui
me faisaient ces confidences, n'entendaient
aucunement en faire un sujet de grief contre
Amou Tahar, bien au contraire; pour nous, ils
l'accusaient d'un crime, d'un fait abominable; à
leurs yeux, ils racontaient un trait d'habileté supérieure et faisant le plus grand honneur à celui
qui l'avait réussi. Un caïd tout sincèrement,

tout bonnement fidèle et loyal à ses chefs, leur aurait produit l'effet d'un naïf, un peu d'un bénet, tranchons le mot, d'un parfait imbécile, et ils l'auraient méprisé. Au contraire, un homme subtil, jouant double et triple jeu, s'assurant contre tous les événements, et toujours paré à profiter du succès du plus fort, celui-là était leur véritable héros; ils étaient pleins pour lui d'admiration et de respect.

Mentir, ruser, frauder, ce sont des opérations intellectuelles; elles sont estimables sans doute quand elles procurent le succès; cependant pour l'homme resté près de la nature, la force et le courage physiques sont toujours ce qu'il y a de plus respectable et de plus beau. C'est là une conception qui se retrouve la même chez tous les barbares sans exception et chez tous ceux qui ont la même mentalité que les barbares. Se servir de sa force et de son courage pour dominer les autres hommes, se servir de ce courage et de cette force pour commettre des actions qui impriment la terreur, s'imposer par cette voie à l'admiration, c'est la seule idée que les êtres primitifs se fassent de la gloire; il est donc tout naturel que les deux professions qui aient le plus de prestige aux yeux des Kabiles ce soient celle de brigand et celle d'assassin.

Distinguons avec soin entre ces deux professions : le brigand est celui qui soit isolé, soit en société, se rend par la force maître du bien d'autrui. Autrefois, les actes de brigandage se pratiquaient normalement entre Kabiles de tribu à tribu, et de village à village ; ils sont beaucoup plus rares maintenant grâce à la police et à la paix françaises. Mais combien y a-t-il encore de Kabiles qui regrettent le bon temps où l'on pouvait aller piller le bien du voisin et s'enrichir à ses dépens ! On en fait des récits, dans les endroits où se réunissent les hommes et quelques vieillards charment encore la jeunesse du récit de leurs lointains exploits ! Pour l'assassin, il a toujours été, et il reste encore beaucoup plus considéré que le simple brigand. Mais il faut bien comprendre qu'il ne s'agit pas de celui qui se fait une profession de tuer pour dérober, pour voler ; ce n'est pas cela : il s'agit de l'homme dont la profession consiste à vendre à ceux qui les demandent sa force, son courage et son mépris de la vie d'autrui ; de celui que dans l'Italie d'autrefois on appelait un bravo, et qui est toujours prêt, pour un motif d'argent, quelquefois pour un motif plus noble, à protéger ou à venger quiconque ne peut ou ne veut se protéger ou se venger soi-même. Celui-là continue à jouir de la plus haute estime chez les Kabiles ; et cela ne tient pas seulement à l'admiration naturelle à tous les barbares pour celui qui professe le mépris de la vie des autres et de la sienne, mais en même temps à l'état inorganique dans lequel a toujours vécu jusqu'à présent le peuple kabile et aux passions nécessaires qui étaient engendrées par cet état.

Nous autres, gens de vieille civilisation qui n'avons eu qu'à hériter des institutions sociales ingénieuses et savantes qu'avaient inventées les Grecs et les Latins, nous avons peine à comprendre qu'un peuple nombreux puisse vivre et se perpétuer sans posséder les organes qui nous semblent indispensables à maintenir l'ordre régulier au sein d'une société humaine. Pourtant cette privation fut l'état commun de tous les peuples barbares, et certains de ces peuples furent aussi vigoureux, aussi puissants, plus vigoureux même et plus puissants que certaines nations civilisées. C'était l'état de la société kabile. Elle avait su créer chez elle un certain nombre d'organismes politiques : elle avait des assemblées délibérantes et des tribunaux ; mais il lui manquait absolument l'organisme que nous considérons comme le plus essentiel : elle n'avait aucune sorte de pouvoir exécutif, aucune sorte de pouvoir de police, pas même à l'état d'embryon. Quand un crime avait été commis, la djemââ, l'assemblée des citoyens, agissant comme pouvoir judiciaire, pouvait bien prononcer une condamnation contre le coupable, mais elle ne disposait d'aucun agent auquel elle put confier l'exécution de la sentence rendue. Il appartenait à la famille de la victime, à ses amis, à son çof, d'assurer cette exécution. La forme en était ordinairement la vengeance sanglante, le meurtre pour le meurtre. Les lois de la Grande Kabilie n'admettaient aucune autre réparation que celle-là. La famille et les amis d'un homme assassiné devaient à tout prix mettre ou faire mettre à mort l'assassin lui-même ou bien à son défaut un parent aussi proche que possible de l'assassin. Dans la Petite Kabilie, les mœurs, d'accord en cela avec la loi religieuse du Coran, admettaient le rachat du sang à prix d'argent. Mais la famille de la victime n'était point obligée d'accepter ce rachat qui du reste, n'était pas toujours offert. Elle pouvait donc, et dans certain cas, elle devait poursuivre la vengeance par le sang. Or, il n'est pas facile à tout le monde de se procurer cette sorte de vengeance : un homme même résolu n'a pas toujours le temps, les armes, les aptitudes qui sont nécessaires ; il peut arriver alors qu'il ait besoin d'un secours, qu'il lui faille recourir à un champion qui combattra pour lui. Ce rôle du champion, c'était, c'est encore celui de l'assassin kabile. Celui à qui incombait l'obligation de poursuivre une vengeance, et qui ne trouvait pas en soi-même les moyens d'exécution indispensables, confiait son affaire à un assassin ; il lui donnait la mission, le mandat d'exécuter le meurtre indispensable. Et comme un Kabile, n'importe lequel, ne fait jamais rien pour rien, le mandat était largement rémunéré. J'écris au passé, mais je puis affirmer qu'à l'heure actuelle encore, sous le règne de l'administration française ce mandat est fréquemment donné, accepté et exécuté. Les Kabiles le regardent comme absolument licite et régulier. Il est conforme à leurs lois séculaires. Dans la Grande Kabilie, les lois en vigueur, les fameux canouns, reconnaissaient à l'assassin le droit d'agir en justice pour se faire payer par celui qui lui avait donné le mandat d'assassiner, quand le paiement n'était pas volontaire ou quand il était insuffisant. Dans la Petite Kabilie, les canouns n'étaient pas en vigueur, mais les mœurs étaient les mêmes, et elles le sont restées.

Tout cela nous paraît bien extraordinaire. Mais à la réflexion, tout cela se comprend. Quand une société n'a pas su se pourvoir des organes nécessaires à son existence, ces organes se créent spontanément, en dehors de tout pouvoir et de toute règle sociale, et il arrive alors que ce soient des organes monstrueux. Qu'était-ce que la Sainte-Vehme, dans le moyen âge allemand? On peut assez justement lui comparer l'assassin kabile. Leur rôle à tous deux répondait à un besoin indispensable, celui de redresser les torts, de protéger les faibles et de punir les crimes. La différence, et elle est essentielle, c'est que la Sainte-Vehme agissait de son propre mouvement, librement, sans esprit de vénalité, et que l'assassin kabile n'est jamais qu'un mercenaire.

Mais ce dernier caractère qui l'avilit à nos yeux, ne le rabaisse pas le moins du monde aux yeux de ses compatriotes. Ce serait plutôt le contraire. Et il est facile de comprendre tout le prestige dont il jouit. Il est un organe de protection, de sécurité nécessaires; quand il est habile et brave, il monte immédiatement au rang d'un héros dans l'estime publique.

Par malheur, ce genre d'héroïsme n'exige pas une grande élévation de sentiments, et tous ceux que j'ai pu pratiquer, parmi ces héros, étaient des brutes horribles. Je me souviens surtout de deux frères, deux mulâtres, nés de père kabile et de mère négresse; ils étaient d'une taille, d'une force musculaire, et d'une résolution des plus redoutables. L'un des deux, blessé à la cuisse, au cours d'un de ses exploits, devenu boîteux, s'était retiré; il n'exerçait plus; l'autre était dans toute sa vigueur et dans toute son activité. Chacun avait commis peut-être une dizaine de meurtres. Pourtant, jamais un seul témoignage ne s'était produit contre eux. C'étaient de superbes spécimens de ce que l'animal humain peut-être, quand il vit dans la condition de bête féroce. Une autre fois, je fus en rapports avec un trio d'assassins. Ils avaient reçu 1.200 francs pour assassiner un homme. Mais ils se trompèrent, et en tuèrent un

autre auquel on ne voulait rien. Cette erreur
amena des complications interminables.

Pour conclure, la vénalité des Kabiles est illi-
mitée. Avec de l'argent, on obtient d'eux tout ce
qu'on veut. Pour de l'argent, ils sont tous et toujours prêts à tout faire. Toute action qui profite,
tout métier qui rapporte leur semblent bons, et
bien plus leur semblent parfaitement honnêtes.
Et pour eux on peut dire très exactement qu'il n'y
a de déshonorant que ce qui ne rapporte rien.

A cela cependant il faut faire une exception,
une seule mais capitale, et qui me permettra de
ne point terminer ce chapitre de façon à laisser
mauvaise impression des Kabiles; car après tout,
toutes ces mœurs singulières et violentes ne leur
sont point particulières; ils les doivent à leur degré
de civilisation, bien plus qu'à leur caractère spécial, et tous les peuples en ont eu de pareilles à un
certain moment de leur évolution historique. Les
Kabiles ont aussi de grandes vertus. Ils ont en
particulier toutes les vertus militaires.

. Sur ce point-là, ils sont absolument sans égaux;
il ne leur manque rien : courage, patience, dévouement, discipline, passion de l'honneur, ce sont des
soldats complets. J'ai eu connaissance d'un tirailleur kabile qui s'est suicidé, par regret d'avoir
manqué à son devoir militaire; on sait pourtant
combien le suicide est un acte étrange, extraordinaire chez les musulmans; il n'y en a pour ainsi

dire pas d'exemple. Mais l'esprit militaire pénètre les Kabiles si complètement qu'il transforme leur mentalité, et cela, dans un temps très court. Sans doute, ils sont prédisposés à devenir bons soldats; leur religion, plus encore quelques-unes de leurs institutions, celle des çofs entre autres, leur ont inculqué de tout temps des sentiments de discipline et de dévouement qui tournent au profit de l'état militaire. Leur intelligence ouverte leur permet d'être plus que de simples soldats; ils peuvent devenir de bons sous-officiers, et même des officiers distingués; ils sont capables des qualités nécessaires au commandement.

C'est sur le terrain du sentiment militaire qu'il nous est le plus facile de nous rencontrer avec eux et de les rapprocher de nous; sur ce terrain-là, rien ne les écarte de nous. C'est comme soldats qu'ils peuvent le mieux mériter notre estime. De toutes les écoles que nous leur ouvrirons, l'armée est celle dans laquelle il leur plaira le mieux de fréquenter. Tout ce que j'ai pu voir et comprendre de leur caractère m'induit à penser que tous, sans exception, accepteraient très facilement les obligations militaires que nous acceptons nous-mêmes; ils le tiendraient plutôt à honneur; et je n'hésite pas à dire que, de notre part, ce serait faire un acte de civilisation que les étendre sur eux.

Tempérament

D'après tout ce qui précède, il est facile de comprendre que les crimes et les délits sont fréquents en pays kabile. Cela résulte avec nécessité de ce qu'ils n'attachent aucune idée de déshonneur à des actes tels que le vol, la rapine, la maraude, le recel et bien d'autres que punissent les lois. La crainte du châtiment ne les arrête guère. Elle est vague et lointaine. D'autre part, les peines infligées par nos tribunaux ne déshonorent jamais un indigène dans l'esprit des hommes de sa race et de sa religion. Ils acceptent ces peines; je crois même qu'ils les regardent comme nécessaires; en tout cas, ils les subissent comme inévitables; mais ils n'y voient aucun motif de honte pour celui qui les subit. Le point d'honneur, très fort chez les Kabiles, ne les détourne pas de toutes ces actions punissables. En revanche, il agit énergiquement pour les pousser à en commettre que nous regardons comme des plus blâmables.

Je veux parler des actes de violence de toute nature : coups, rixes, meurtres, dont la fréquence est inouïe en pays kabile. Quand un homme de ce pays se juge offensé, toujours il crie, et toujours il frappe. A une injure verbale, à un mauvais procédé, il répond immédiatement par des coups. C'est chez lui affaire de mentalité sans doute; c'est aussi une conséquence du tempérament,

C'est une race nerveuse, impulsive. Ils sont incapables de se contenir, ils ne se possèdent pas. Tout au contraire, ils s'excitent, ils se montent, comme on dit, avec une incroyable facilité et une promptitude singulière. Ils commencent par se lancer des injures, ils crient; le bruit de leur propre voix les grise, ils gesticulent, ils s'agitent bientôt ils sont hors d'eux-mêmes, et alors ils frappent avec férocité, avec sauvagerie. Au fond, leur tempérament est faible. Il ne leur fournit pas des ressources de résistance suffisantes pour qu'ils puissent garder leur calme et se dominer. Leur sang n'est pas bon, ni pur. Il est vicié par plusieurs maladies héréditaires dont la plus terrible et la plus répandue, par malheur, est la syphilis. Les premiers médecins français qui ont pu les observer en ont aussitôt fait la remarque. Le docteur Guyon dont l'ouvrage a paru en 1855, est d'avis que chez l'indigène arabe ou kabile, cette maladie ne résulte pas seulement de la contagion, mais qu'elle est héréditaire, qu'il naît avec elle. Je n'ai pas compétence pour discuter cette opinion; je crois qu'elle est abandonnée; les nouveau-nés peuvent fort bien prendre le mal de leurs mères, dès la naissance. La contagion est facilitée par un relâchement de mœurs poussé jusqu'aux dernières limites. On pourra le mieux voir dans le chapitre qui sera spécialement réservé aux femmes.

La syphilis existe depuis très longtemps dans les pays barbaresques. Léon l'Africain indique que de son temps, c'est une des maladies les plus répandues dans ces pays. Cet auteur était un Arabe de Grenade, converti un peu par la force, au christianisme. Il écrivait à Rome en 1526, sous le pontificat de Léon X dont il était le filleul.

Voilà donc plusieurs centaines d'années que ce terrible mal exerce ses ravages sur les Arabes et les Kabiles de l'Algérie. Il y a bien là de quoi affaiblir la constitution physiologique d'une race. Un peuple chez lequel un si grand nombre d'individus sont ou ont été, en quelque sorte de père en fils, en proie à une maladie comme celle-là, ne peut pas présenter une santé vigoureuse. Il m'a semblé, que les Kabiles étaient actuellement une race sans grande force de résistance. J'en ai connu qui, habitués au climat sec de leurs montagnes étaient incapables de s'acclimater dans les villes du littoral, où l'atmosphère est très humide.

Ils montraient beaucoup moins d'aptitude à résister que des Français du Nord de la France. J'en ai vu mourir de blessures très simples, sans gravité, dont un paysan français se serait guéri tout seul et presque sans faire de remèdes. J'ai pu constater aussi combien leur état nerveux est instable, facile à déséquilibrer. C'est un fait reconnu que les Kabiles se montrent particulièrement violents à deux époques distinctes de l'année, à l'époque de la récolte des figues et à la fin du rhamadan. Ce sont deux périodes pendant lesquelles les querelles, les rixes, les violences de toute nature, deviennent chez eux plus fréquentes et plus redoutables que d'ordinaire.

Les figues constituent un des principaux aliments du Kabile. Elles sont en abondance dans le pays et de qualité supérieure. Ce sont les figues de Carthage que Caton l'ancien tenait en si haute estime. On les conserve séchées comme provisions d'hiver. Au moment de la récolte, il s'en fait un véritable abus de consommation; c'est une des rares occasions de leur existence ou quelques-uns des Kabiles peuvent assouvir leur appétit. Cette nourriture prise avec excès les grise, les énerve. Aussi longtemps qu'ils en subissent l'influence, ce sont, à la lettre, des alcooliques. Ils ne titubent pas, ils voient clair, ils n'ont aucune apparence de l'ivresse, mais leur état nerveux et cérébral est le même que celui de l'alcoolique invétéré. Dans cet état, leur excitabilité est poussée à ses dernières limites, et leur violence naturelle est plus dangereuse que jamais.

L'autre période critique est celle du ramadan. Cette pénitence religieuse est le pendant du carême catholique. Elle est réglée de façon assez singulière.

Il en est question dans les versets 181 et 183 du chapitre II du Coran.

« La lune du Ramadan dans laquelle le Coran est descendu d'en haut pour servir de direction aux hommes, c'est le temps qu'il faut jeûner. Quiconque aura aperçu cette lune se disposera aussitôt à jeûner. — Il vous est permis de manger et de boire jusqu'au moment où vous pourrez déjà distinguer un fil blanc d'un fil noir. A partir de ce moment, observez strictement le jeûne jusqu'à nuit. »

Les fidèles observent le jeûne avec la plus scrupuleuse exactitude. Depuis le matin jusqu'au soir, ils s'abstiennent de manger, de boire, de fumer, même de respirer un parfum ou une odeur n'importe laquelle. Quand arrive le soir, ils meurent de faim, et surtout de soif; alors ils mangent et boivent sans aucune mesure. Ils passent la nuit tout entière à festiner. Le jour, ils sont engourdis dans une sorte de torpeur.

L'année musulmane se compose de douze mois lunaires de 28 jours chacun; elle ne concorde pas avec la révolution de la terre autour du soleil. Il en résulte que les fêtes avancent constamment, et que le ramadan, par exemple, après être tombé en hiver, arrive en automne, puis en été. Il est encore supportable en hiver, quand les journées sont courtes; l'abstinence alors n'est pas trop fatigante. Mais quand le ramadan tombe au moment des journées les plus longues il a des conséquences terribles pour le tempérament des fidèles. Cette alternative de jeune absolu et prolongé outre mesure, et d'assouvissement exagéré détruit l'équilibre de leur santé et de leur intelligence. Ils deviennent plus nerveux, plus excitables que jamais; ils tournent à l'hallucination; ils sont disposés à suivre sans résistance les pires suggestions, les entraînements les plus dangereux; ils deviennent la proie toute préparée des excitateurs et des fanatiques. Alors aussi ils sont plus préparés que jamais à toutes les violences et à tous les crimes. Les rixes, les meurtres, deviennent presque quotidiens.

Je ne crois pas que Mahomet, en organisant le ramadan ait eu en vue de préparer ses sectateurs au fanatisme. Personnellement, il semble qu'il n'était pas fanatique, le moins du monde. Il a simplement institué une de ces observances rituelles qui paraissent indispensablss à toute religion positive. Mais sur ces populations faibles et nerveuses de l'Afrique du Nord, les résultats de l'institution sont déplorables.

Ainsi des agents extérieurs d'ordre absolument physique et matériel peuvent avoir, et de façon incontestable, une influence dominante sur la moralité de tout un peuple. Cela n'a rien d'étonnant. Il en est de même de l'alcool et de l'opium. Si le peuple kabile avait, contre ces agents d'excitation, une base solide de résistance dans une loi morale ferme et claire, peut-être en serait-il autrement. Mais la loi morale du Coran est bien faible pour prévenir toute une catégories d'actes dangereux au plus haut point pour les individus et pour l'ordre social.

De l'honneur

A voir tout ce que le Kabile se croit permis de faire sans être le moins du monde déshonoré dans l'opinion de ses concitoyens, on pourrait croire que le sentiment de l'honneur n'existe chez eux d'aucune façon, à aucun degré. Bien loin de là, ils ont de l'honneur une conception vive, puissante, énergique; celui d'entre eux qui manque à ses prescriptions, est méprisé, honni, repoussé de tous; il tombe dans l'abjection. Mais l'honneur et la morale sont bien différents l'un de l'autre. Il en va ainsi chez tous les peuples du monde. Le gentilhomme français se battait en duel pour une vétille et tuait son homme. Il se serait déshonoré s'il avait fait autrement. Ce n'était pas là une action bien conforme aux règles de la morale chrétienne qui était la sienne pourtant, Les Kabiles ont peu de morale, surtout de morale sociale. Mais ils ont beaucoup d'honneur. Il ne faut pas s'étonner si les règles de cet honneur heurtent vivement nos conceptions habituelles.

La première de ces règles, la plus essentielle, celle qui emporte toutes les autres, c'est qu'il faut se venger.

Il faut se venger de toute injure reçue, venger le meurtre par le meurtre, les blessures par les blessures, le sang par le sang, les coups par les coups.

Dans la Grande Kabilie, les lois elles-mêmes, les canouns faisaient une obligation absolue de la loi du talion dans la vengeance. Elles n'admettaient pas que l'homme outragé pût se contenter au prix d'une autre satisfaction. Donc, un meurtre amenait nécessairement et légalement un autre meurtre, et ainsi de suite.

Dans la petite Kabilie, on admet que l'offensé puisse se contenter à plus bas prix; qu'il ait le droit d'accepter, par exemple une réparation pécuniaire.

Mais ni dans la Grande ni dans la Petite Kabilie, jamais l'opinion n'a admis que l'offensé puisse pardonner purement et simplement l'injure subie par lui. Ce serait là le comble du déshonneur. Celui qui se rendrait coupable d'un tel pardon serait écrasé sous le poids de la réprobation et du mépris universels.

Bien entendu, il ne faut pas venger seulement les injures mortelles, mais toutes les injures quelles qu'elles soient. Et notons avec soin ceci : priver le Kabile d'un avantage matériel, lui infliger une perte d'argent, c'est lui faire une injure que son honneur l'oblige de venger.

L'honneur oblige à venger non seulement son injure personnelle, mais celle qui a été subie par son père, ses proches parents, par celui auquel on a donné son anaïa (contrat de protection réciproque), enfin et surtout l'injure subie par un membre du çof dont on fait soi-même partie.

La vengeance ne s'exerce pas seulement sur l'auteur même de l'injure, mais aussi sur son père, ses proches parents, sur les membres du çof dont il fait partie.

Une autre prescription tout aussi essentielle de l'honneur, c'est de tout faire pour le profit et l'avantage du çof auquel on appartient. Le çof est une institution sur laquelle nous aurons à donner d'assez longs détails. Qu'il suffise de dire pour l'instant que, pour le çof, le Kabile tient à honneur de se dévouer à la vie, à la mort, de s'exposer à n'importe quels inconvénients, n'importe quels périls, d'user ses jours et ses nuits, de dépenser toutes ses forces, et même toute sa fortune, en un mot de tout sacrifier. Comme aussi, frauder, mentir, se parjurer, frapper, tuer, trahir, commettre n'importe quel crime, commettre même une action honteuse à ses propres yeux, c'est obéir aux lois de l'honneur du moment qu'il s'agit de l'intérêt suprême du çof.

En thèse générale, le déshonneur frappe quiconque fait montre de peur, de faiblesse ou de timidité. L'honneur ordonne le stoïcisme, l'endurance dans la douleur physique ou morale. Cependant, la Kabile ne porte pas cet honneur d'héroïsme barbare jusqu'au degré presque inouï où le portait le Spartiate ou bien le Peau-Rouge de l'Amérique du Nord, ce fauve sublime; il est moins altier, moins féroce, plus près de l'humanité européenne.

Comme détails accessoires, on peut ajouter que le Kabile se déshonore s'il prostitue sa femme légitime; et surtout, s'il n'observe pas son anaïa, la promesse de protection qu'il a faite, en vertu d'un contrat de réciprocité.

Quand on examine d'un peu près ces règles d'honneur, on s'aperçoit que la base sur laquelle elles sont établies n'est point du tout du domaine de l'idéal. Elles ne répondent à aucune conception purement intellectuelle. Tout au contraire; elles sont inspirées par des considérations positives, pratiques, découlant des nécessités de l'existence telles qu'elles se présentent en pays kabile. Ces règles de l'honneur, sauf peut-être celle qui concerne la femme légitime, sont des règles de protection, de sauvegarde pour les hommes qui se sont imposés de les observer.

Vengeances

L'homme qui vit dans une société mal civilisée est entouré de dangers de toutes sortes; il est menacé à tout instant dans sa sécurité et même dans son existence. Il est toujours en état de défense. Pour lutter contre tous ces dangers, il lui faut déployer une énergie extrême; il a besoin de sentiments vigoureux; il faut que cette énergie, que ces sentiments agissent sans relâche; car dans un moment de relâche, l'homme peut succomber; aussi se transforment-ils toujours en passions violentes et profondes; ces passions pénètrent l'homme, le dominent et forment les traits les plus essentiels, les plus saillants de son caractère.

Les deux plus fortes de toutes, ce sont la haine et la vengeance.

Haineux, le Kabile l'est à un degré inimaginable. La haine, chez lui, naît en un instant, pour la moindre injure, pour la moindre atteinte portée à ses intérêts; à son orgueil, *à ce qu'il se croit dû*. Il est, ce qu'on nomme vulgairement, susceptible, au suprême degré. La plus légère insulte, un mot, même, lancé, inconsidérément, qu'un homme du peuple en Europe oublierait aussitôt, le jettent hors de lui. Et c'est peut-être ici le lieu de combattre une erreur qui a causé, qui cause encore bien des malheurs, qui est une source permanente de désaccords dangereux entre les indigènes et les colons européens.

C'est une idée très répandue que les indigènes musulmans sont insensibles aux outrages; que même les coups, n'excitent en eux aucun ressentiment; qu'ils en éprouvent, naturellement de la douleur physique, mais aucune douleur morale, et en particulier aucune humiliation. Aussi beaucoup de colons européens n'ont-ils aucune hésitation à traiter l'Arabe et le Kabile des noms les plus injurieux, à les menacer et même à les frapper. Ils croient que cela ne tire pas à conséquence. Il n'y a pas de plus grande erreur que celle-là, ni de plus dangereuse.

Il faut ici faire une distinction très importante : l'indigène musulman divise tous les Européens immigrés en deux grandes catégories : ceux qui font partie du beylick et ceux qui n'en font pas partie. Les premiers, ce sont tous ceux qui se rattachent à l'administration du pouvoir de l'Etat : officiers, militaires, même simples soldats, juges, administrateurs, ingénieurs, avocats, avoués, etc., etc. Les seconds: ce sont tous les autres sans exception, et il les désigne en masse par le nom de mercantis qui implique une forte nuance de dédain. Or, le Musulman professe pour le pouvoir de l'Etat un respect sans bornes qui lui est inspiré par sa religion; et tous ceux qui participent à ce pouvoir bénéficient du respect qu'il inspire. Aussi est il exact que ceux-là peuvent se permettre contre le pauvre Musulman à peu près tout ce qu'ils veulent; et il est bien rare qu'il ose contre eux, non pas se venger, mais seulement protester; il faut qu'il soit tout à fait poussé à bout pour le faire. Peut-on songer à se venger d'une puissance qui vient du ciel? Se venge-t-on de la tempête ou du tonnerre?

Mais le simple mercanti n'inspire pas du tout le même respect; à vrai dire, il n'en inspire absolument aucun, et de lui, on n'hésite pas à se venger de toutes les manières. J'ai vu bien des fois, un colon insouciant passer dans sa voiture, et d'un coup de fouet écarter de la route l'ânier kabile trop lent à se garer. Quelque temps après, le feu prenait à la grange du colon, ou à ses récoltes; ses bœufs se perdaient, ou revenaient blessés sans qu'on sut pourquoi ni comment; des outils disparaissaient, le vol nocturne sévissait de toute manière sur sa concession : c'étaient les marques de souvenir de l'ânier frappé sur la route, et que le colon, lui, avait bien complètement oublié. Trop heureux encore, notre insouciant Français s'il n'entendait pas quelque soir une balle siffler à ses oreilles, s'il n'était pas blessé ou tué dans une embuscade par d'introuvables assassins. Je me souviens d'un Français gérant d'une grande propriété de chênes-liège. Il avait depuis longtemps sous ses ordres en qualité de charretier, un Kabile fort expert du reste à cet emploi. Il le chassa à la suite d'une querelle; il lui avait fait ainsi une double injure : pendant la querelle, il lui avait adressé des épithètes malsonnantes, et en second lieu et surtout il lui avait perdre un emploi très lucratif pour lui. Un mois après environ, le Français rentrait seul à cheval dans la maison qu'il habitait sur la lisière de la forêt; à un détour du chemin, trois balles l'étendirent raide mort; le cheval rentra seul à l'écurie. Le gérant n'avait aucun ennemi sauf le charretier kabile. Aucune preuve ne put être fournie contre ce dernier, mais il resta incontestable que c'était lui qui avait fait le coup avec deux compagnons qu'il avait recrutés.

Il faut donc être prudent dans les rapports avec les Kabiles : il y a à tenir une mesure délicate; il importe en effet de ne pas les traiter en égaux, on serait méprisé; il faut leur faire sentir la force ils ne respectent que cela ; mais il ne faut pas les molester ni les maltraiter d'aucune façon, il faut se souvenir que ce sont des hommes horriblement vindicatifs, qu'ils n'ont aucun scrupule et qu'ils ne font aucun cas de la vie humaine.

Surtout, ne comptez pas sur leur reconnaissance. Je ne dis pas que la reconnaissance constitue un sentiment dont ils soient incapables. Ils apprécient les bons traitements et ils en tiennent compte. Mais à une condition, c'est qu'aucun mauvais traitement n'ait précédé les bons ou ne les ait suivis. Pour eux, la moindre injure efface le souvenir de tous les bienfaits qu'ils ont reçus auparavant, tous les bienfaits que vous pourrez leur prodiguer n'effaceront jamais le souvenir d'une injure antérieure. Si vous avez débuté avec eux en leur infligeant ce qu'ils considèrent comme un traitement indigne d'eux, tout ce que vous ferez ensuite pour vous les concilier ne vous vaudra que leur mépris, car ils y verront un aveu de faiblesse ou de peur.

Leur haine est d'autant plus dangereuse, qu'ils savent la dissimuler à la perfection, Cela n'est pas étonnant pour des menteurs émérites. Leur dissimulation peut durer un temps indéfini, des années entières, pendant lesquelles leur attitude vous trompera absolument. Vous avez cru qu'ils avaient oublié. Mais jamais le Kabile n'oublie sa vengeance. Et quand elle vient, on peut croire souvent qu'ils ont commis une trahison sans motif; ils se sont conduits si longtemps en amis qu'on ne peut plus expliquer autrement leurs actes de violence. Mais en recherchant avec attention, on trouve que ces violences ont une cause éloignée, une vieille injure ensevelie dans le passé, qui a excité en eux des ressentiments dissimulés avec soin jusqu'au moment favorable à les assouvir.

On peut cependant vivre en bons termes avec eux. Il faut pour cela les traiter avec beaucoup d'équité, être poli avec un peu de réserve, même de hauteur; ne jamais se mêler de leurs affaires intimes, surtout de leurs querelles intestines et de leurs vengeances, enfin ne pas s'occuper de leurs femmes, jamais, d'aucune façon, à moins d'avoir l'assentissement préalable des hommes ou de l'homme de qui elles dépendent.

La haine et la vengeance du Kabile ne se bornent jamais exclusivement à la personne de laquelle il trouve à se plaindre; elles embrassent toujours tous ceux qui tiennent à elle, par un lien de parenté, d'amitié ou par tout autre. Quand un Kabile a une cause de haine contre quelqu'un, sa haine se répand sur toute la famille de l'individu objet de cette haine, et réciproquement, toute la famille de la personne poursuivie prend fait et cause pour elle. Il en résulte que toute querelle, toute insulte, toute cause d'inimitié mettent toujours face à face, non pas deux hommes, mais deux familles et avec les membres de ces familles très souvent leurs alliés et leurs amis. L'injure personnelle engendre ainsi des haines de collectivités, et produit entre celles-ci un véritable état de guerre. Ces haines ainsi généralisées, deviennent immortelles : il y a des familles, des villages qui se haïssent ainsi les uns les autres depuis des siècles, et sans que cela s'apaise jamais. Très souvent, on ne sait plus pourquoi la haine a commencé, les débuts sont ensevelis dans l'oubli des âges; mais n'importe, la haine continue, et avec un acharnement plus grand de jour en jour, car de jour en jour, elle amène des violences qui la nourrissent et qui l'avivent. Souvent j'ai demandé : « Pourquoi donc y a-t-il une haine entre ta famille et cette autre? » Et l'on me répondait : « Je ne sais pas; il y a eu autrefois du sang entre elle et la nôtre. » Et le souvenir vague et confus de torts anté-historiques entretenait les sentiments les plus violents et produisait à l'occasion les actes les plus criminels. Car il faut que la haine se satisfasse, et elle se satisfait par la vengeance. La vengeance est pour le Kabile un besoin, une satisfaction, un apaisement de l'esprit, j'irai jusqu'à dire qu'il la lui faut pour apaiser sa conscience. Aussi longtemps qu'il porte une injure à venger, il est tourmenté jusqu'au fond de lui-même, il est agité de mouvements qui sont exactement ceux que les âmes délicates éprouvent dans le remords; il se trouve identiquement dans le même état intérieur qu'un chrétien fervent qui se croit en état de péché mortel; il faut qu'il épure son âme; il l'épure dans la vengeance, comme le chrétien dans la confession et dans la pénitence.

Tous ces sentiments de haine individuelle et collective, cette âpreté à la vengeance, cette continuité de sentiments violents font aussitôt penser aux Corses. Et, en effet, pour tous ces traits de caractère la ressemblance est frappante. Il ne faudrait pas en conclure que ce sont des peuples issus d'une souche commune et qu'il y a entre eux identité de race. Il est possible que les Corses et les Kabiles soient parents ; rien ne le démontre, et rien n'est moins certain. Mais ce qui est plus certain, c'est que Corses et Kabiles ont vécu pendant des siècles dans un état d'insécurité et d'anarchie qui favorisait et maintenait des habitudes et des sentiments tels que ceux de haine et de vengeance, et qui même les rendait indispensables.

Et sans doute des passions telles que celles-là nous paraissent présenter le plus grand danger pour une société bien organisée. Mais chez un peuple qui n'a pas d'ordre politique, chez lequel il n'existe aucune police, aucune autorité suffisante, aucun organe capable de veiller à la sécurité des particuliers et s'occupant activement à cette tâche ; chez lequel chacun ne peut demander secours qu'à-soi-même en cas de danger, comment l'individu pourrait-il subsister s'il n'avait pas en lui le ressort vigoureux de passions telles que la haine et la vengeance ? Ces passions sont indispensables pour lui, car ce sont elles qui le rendent redoutable, et dans un pareil état social, quiconque n'est pas redoutable, est opprimé, bien plus même, il est sacrifié. Il n'y a de sécurité que pour celui qui se fait craindre. Le pardon des injures est impossible; celui qui les pardonnerait les verrait redoubler et s'aggraver à son égard à tout instant, il serait bientôt réduit à la dernière extrémité. Pour se maintenir dans une position supportable l'homme doit au contraire afficher bien haut qu'il ne pardonnera jamais la moindre offense, qu'il en gardera le souvenir jusqu'au moment où il en aura obtenu complète satisfaction, et qu'il poursuivra l'offenseur par tous les moyens jusqu'à pleine vengeance. La colère et la haine, sentiments si naturels aux hommes, dont on voit le premier au moins se manifester dès le plus bas âge chez la plupart d'entre eux, sont en pays barbare des ressorts indispensables à l'existence même de l'individu, ainsi que leur sanction nécessaire, la vengeance. C'est le luxe de la civilisation que de les combattre et de les rendre inutiles.

On a remarqué que, une fois hors de leur pays, les Corses ne manifestaient plus, même les uns envers les autres, ces sentiments violents qui leur donnent tant de singularité parmi les peuples de l'Europe. C'est que, dans des pays où la police et la justice étant mieux organisées que dans le leur, ils n'avaient plus le besoin ni l'occasion de les manifester ou mieux de les éprouver.

Mais le manque d'organisation, l'anarchie dans laquelle vivent les barbares, font au contraire naître ces sentiments, les maintiennent et les favorisent. Chez les Kabiles, tout les excite. Nous avons vu que leur loi civile, leurs canouns, non seulement admettaient, mais plus encore, ordonnaient la vengeance ; l'opinion était d'accord avec la loi : celui qui ne vengeait pas une injure reçue était méprisé, déshonoré; ces sentiments subsistent toujours les mêmes. La loi religieuse ne contredit pas la loi civile. Le Coran n'ordonne pas la vengeance; mais il la permet. Il autorise, et même il encourage le pardon des injures, mais il n'en fait pas une obligation absolue. Voici ce qu'il dit sur ce dernier point : « C'est la sagesse de la vie que de supporter avec patience et de pardonner ». (chap. 42 verset 41) « Cependant, celui qui pardonne et se réconcilie, Dieu lui devra une récompense, car il n'aime pas ceux qui molestent les autres » (chap. 42, verset 38). « Tous les biens que vous avez reçus ne sont qu'une jouissance temporaire ; ce que Dieu tient en réserve vaut mieux et est plus durable aux yeux de ceux qui croient et mettent leur confiance en Dieu, qui *emportés par la colère, savent pardonner* ». (chap. 42, versets 34 et 35). « Une parole honnête, le pardon, valent mieux qu'une aumône qui aura suivi la peine. Dieu est riche et clément ». « Quand vous exercez des représailles, qu'elles soient égales aux offenses que vous avez éprouvées; mais si vous préférez, les supporter avec patience, cela profitera mieux à ceux qui auront souffert avec patience (chap. 16, verset 127). »

« Prends donc patience.. » (2ᵉ chap. verset 128). « La possession du paradis destinée... à ceux qui savent maîtriser leur colère, et qui pardonnent. Certes Dieu aime ceux qui agissent avec bonté » (chap. 3, versets 127-128). Voilà tout ce que contient le Coran sur le pardon des injures.

Le ton est loin de celui de l'Évangile. C'est de l'humilité du cœur que découle l'obligation chrétienne du pardon. Aucun sentiment d'humilité n'est commandé au musulman. Il est sensible que le pardon et l'oubli de l'injure soient appréciés dans sa morale comme un sentiment généreux et un peu hautain, ou bien comme une règle de conduite acceptable pour celui qui aime le repos dans l'existence. C'est en tout cas le sacrifice d'un véritable droit, et ce sacrifice n'est fait qu'à titre de compensation.

Mais c'est le sacrifice d'un droit qui est expressément consacré par les versets que voici : « Ce que Dieu tient en réserve vaut mieux et est plus durable pour ceux qui, lorsque la violence les atteint, s'aident eux-mêmes » (chap. 42, verset 37), et rendent pour le mal un mal égal » (chap. 42, verset 38). « On ne pourra s'en prendre à l'homme qui venge une injustice qu'il aura éprouvée » (chap. 42, verset 39). « On s'en prendra à ceux qui molestent les autres qui agissent avec violence et contre toute justice ; à ceux-là est réservé un supplice douloureux » (chap. 42, verset 40). « Si quelqu'un vous moleste, molestez-le comme il vous a molestés » (chap. 4, verset 190). « Celui qui ayant exercé des représailles en rapport rigoureux avec l'outrage reçu en aura reçu un nouveau, sera assisté par Dieu lui-même ».

Les commentaires des légistes musulmans n'affaiblissent en rien l'énergie de ces textes. Voici le résumé de ce qu'ils disent à ce sujet : « Dieu ordonne à ses fidèles de repousser l'injustice à cause de l'horreur qu'ils ont de s'avilir. Cette manière d'agir n'est pas contraire à l'indulgence qu'il leur recommande ; la bonté envers le faible est digne d'éloge, elle est blâmable à l'égard du fort, car elle l'encourage à l'injustice, etc., etc. ».

La loi répressive applique les peines du talion. Voici les textes : « Dans ce code (le Pentateuque) Nous (Dieu) avons prescrit aux Juifs, âme pour âme, œil pour œil, nez pour nez, oreille pour oreille, dent pour dent. Les blessures seront punies par la loi du talion » (chap, 5, verset 45). « Dans la loi du talion est votre vie, ô hommes doués d'intelligence » (chapitre 2, verset 175). Tout cela est parfaitement clair.

Ces textes sacrés ne paraissent pas faits pour favoriser l'action des tribunaux répressifs selon nos habitudes et nos conceptions, à nous autres Européens. L'esprit de toute magistrature organisée suivant nos usages, c'est de punir tout crime et tout délit par une action spontanée, dont le but est justement d'empêcher que la victime ne cherche à substituer sa propre action à celle de la justice. Nous voulons, en un mot, empêcher que chacun se fasse justice soi-même. Nous considérons que dans une société normalement organisée, c'est au pouvoir judiciaire qu'il appartient d'apprécier, d'après la loi, quelle est la peine méritée par un coupable. Cette peine n'est pas, ou ne paraît pas toujours rigoureusement équivalente à la faute qu'elle doit réprimer. Avec la peine du talion comme seule reconnue, il reste en vérité fort peu de chose à faire à la magistrature en matière répressive. Sans doute, elle peut intervenir et punir le coupable. Mais à la rigueur, un vrai croyant peut se passer d'elle. Il est autorisé à agir par lui-même, à appliquer lui-même et par ses propres forces cette peine du talion, sans avoir recours à la puissance sociale. Il y est même encouragé : « Celui qui, lorsque la violence l'atteint, s'aide soi-même » dit le texte, celui-là mérite des récompenses éternelles. A quoi bon dès lors, porter plainte au procureur de la République, ou se porter partie civile devant le juge d'instruction. Il n'y a qu'à appliquer soi-même la peine du talion. Et celui qui fait ainsi ne saurait être recherché par la justice : « On ne pourra s'en prendre à l'homme qui venge une injustice qu'il a éprouvée », dit encore la parole sacrée. Donc celui qui exerce une juste vengeance n'est pas punissable aux yeux de la loi. Il faut seulement « qu'il rende pour le mal, un mal égal. » Restent donc justiciables des tribunaux ceux que le Coran nomme ceux qui molestent, c'est-à-dire ceux qui commencent les premiers, injurient, frappent, blessent ou tuent sans motif légitime. « Celui qui aura tué un homme, sans que celui-ci ait tué un homme, ou semé le corruption dans le pays » (chapitre 5, verset 35). Restent encore ceux-là qui ont bien un motif légitime de frapper, mais qui frappent trop fort et rendent plus de mal qu'ils n'en ont reçu. Tous ceux-là, la justice peut les châtier. Il faut qu'elle absolve les autres, ou que plus simplement, elle les laisse tranquilles.

Il y a dans le Coran une disposition spéciale contre les voleurs (chapitre 5, verset 42) : « Quant à un voleur et à une voleuse, vous leur couperez les mains comme rétribution de l'œuvre de leurs mains comme un châtiment venant de Dieu; or Dieu est puissant et sage ». — Si je prends moi-même mon voleur sur le fait et que moi-même je lui coupe la main, qu'est-ce que le juge musulman pourra bien me dire? S'il prétend que je n'avais pas le droit d'agir ainsi, je lui répondrai par le verset 32 du chapitre 42 qui dit : « On ne pourra s'en prendre à l'homme qui venge une injustice qu'il a éprouvée. » Et mon juge sera certainement bien embarrassé.

Que tout cela est loin de nos conceptions ordinaires de l'ordre social !

Il n'y a pas besoin de réfléchir longtemps pour voir que, par leur fond, les doctrines du Coran tendent à maintenir dans l'anarchie barbare les sociétés qui les acceptent. Elles laissent l'individu se porter juge dans sa propre cause; elles le laissent exécuter lui-même la sentence ; elles ne défendent pas à la vengeance de répondre à la vengeance ; elles perpétuent ainsi les violences et les haines entre individus, familles, tribus, groupes sociaux de tout genre. Si toujours la haine répond à la haine, quand donc la haine se taira-t-elle? a dit, je crois le Boudha. Le Coran ne lui impose jamais silence. Il ne lui oppose aucune prescription. Cela est certainement une des causes, et peut-être la cause principale pour laquelle tous les pays musulmans portent en eux des germes de divisions intestines auxquelles est due pour la plus grande part leur faiblesse politique, malgré les qualités natives des peuples qui les habitent. Sans doute, les choses dans ces pays ne se passent pas toujours exactement comme peut le permettre le texte pur et simple du Coran. Les commentaires ont submergé le texte; la tradition le corrige et le supplée. Dans les grands états musulmans, là où le pouvoir est fortement organisé, les sujets n'ont pas toute l'indépendance qu'ils pourraient revendiquer en invoquant le livre sacré. Comme toujours, les juristes, en commentant la loi, lui ont donné l'interprétation la plus favorable à l'ordre, à l'exercice régulier du pouvoir; la tradition et l'interprétation ont modifié et adouci le droit de vengeance; les tribunaux et la police ont dans ces états à peu près les mêmes attributions et la même étendue d'action que les nôtres. Mais le fond et l'esprit de la loi n'en subsistent pas moins; ils sont de nature à encourager certaines indulgence que nous trouvons incompréhensibles et que nous jugeons avec raison très dangereuses pour l'ordre social.

En outre, les limites géographiques dans lesquelles s'exerce directement l'action de tout pouvoir en pays musulman, se trouvent toujours assez restreintes, et il s'en faut de beaucoup que tous les peuples de cette religion forment des états réguliers dans lesquels on retrouve les différents organes de la puissance publique, telle que nous la concevons. Les Kurdes, les Afghans, les Bédouins de l'Arabie, les populations du Maroc, et bien d'autres, se perpétuent depuis des siècles fragmentés en tribus isolées, animés de haines mutuelles, irréductibles, presque toujours en guerre les unes contre les autres, et sans autre lien politique qui les unisse qu'une soumission vague et intermittente au pouvoir d'un sultan qui, pour elles, est surtout un chef religieux. Tous ces peuples en sont encore à ce qu'étaient les Arabes contemporains de Mahomet. Ils ont la même conception que ceux-ci du droit de l'individu et du droit social et cette conception est perpétuée par la religion elle-même.

Il y a dans le Coran un verset qui forme en quelque sorte la base de la législation pénale. Les commentateurs l'ont retourné et défiguré de toutes façons pour le rendre applicable dans une société un tant soit peu réglée, et l'ont complètement détourné de son sens primitif. Le voici : « O croyants la peine du talion vous est prescrite pour le meurtre ; un homme libre pour un homme libre ; un esclave pour un esclave et une femme pour une femme ». Pour nous, avec nos conceptions ordinaires, ces paroles sont incompréhensibles. Un homme libre pour un homme libre ? Est-ce que cela signifie qu'un homme libre, sera mis à mort quand il aura tué un homme libre ? Mais alors s'il tue un esclave ? Que lui fera-t-on ? Rien sans doute ; s'il tue une femme ? Rien non plus. Est-ce qu'une femme ne pourra subir la peine du talion que si elle a tué une femme, et non pas si elle a tué un homme libre ? Est-ce qu'un esclave ne peut être puni de la peine capitale que dans le cas seulement où il a tué un autre esclave ? Tout cela est manifestement absurde ; si bien que les juristes musulmans en sont arrivés à soutenir par voie d'interprétation, que ce texte ordonne que la peine de mort soit appliquée à tout assassin quelqu'il soit, et dans tous les cas. Mais cette interprétation rendue nécessaire par l'état social actuel de quelques pays musulmans plus avancés en civilisation que les autres est manifestement erronée.

Pour comprendre ce verset, il faut nous mettre absolument en dehors de notre civilisation moderne et laisser de côté toutes les conceptions que nous avons, sur la responsabilité de l'individu. Pour nous, l'homme est considéré isolément; il est quelque chose à lui tout seul; et en particulier, quand il commet un délit ou un crime, nous ne regardons que lui, c'est lui seul que nous en rendons responsable; la peine qui lui est infligée ne frappe que lui seul, nous ne songeons pas à punir sa famille, ni ses amis, et encore moins le peuple auquel il appartient. Mais cette conception individualiste du droit pénal, les peuples primitifs ne l'avaient pas. Pour tous les barbares sans exception, la faute d'un individu retombe, non seulement sur lui-même, mais sur tous ceux qui font partie du groupe social auquel il appartient; et le mot groupe doit être pris dans un sens très étendu. Il ne désigne pas seulement la famille, mais la tribu, le clan, et même la peuplade tout entière dont le coupable fait partie. Les Germains, à l'époque où ils sont entrés dans l'histoire, pensaient exactement ainsi ; de même les Arabes du temps de Mahomet. Les navigateurs qui ont découvert l'Océanie ont retrouvé ces idées primitives chez les indigènes de la Nouvelle-Zélande. Elles persistent encore chez les tribus Arabes et Berbères, Kabiles, Touaregs ou autres et nous pouvons les y voir en action. Voici comment il faut comprendre ce texte :

Supposons l'une en face de l'autre deux familles patriarcales ou deux tribus, ce qui revient presque au même ; un individu quelconque appartenant à la première tue un homme libre qui faisait partie de la seconde. Cette seconde famille ou tribu aura le droit d'exercer la loi du talion, c'est-à-dire que ceux qui la composent auront le droit de tuer un homme libre appartenant à la première famille ou tribu ; que ce soit le meurtrier lui-même ou un autre, peu importe : le sang aura payé le sang ; il y aura compensation entre les deux dettes. De même, si un esclave de la première tribu est tué par un membre quelconque de la seconde, par un homme libre, un esclave ou une femme de cette seconde tribu, les gens de la première auront droit de tuer un esclave appartenant à la seconde tribu ; la peine du talion aura été appliquée et subie ; la satisfaction sera complète. Même exemple pour les femmes (cela se passait ainsi chez les Germains. Voir 2º récit mérovingien dans Augustin Thierry).

Car, dans la conception primitive que les hommes se sont faits du droit, l'être isolé, l'individu ne se distingue pas de l'ensemble dont il fait partie. En général, il n'est pas propriétaire; c'est la famille ou la tribu qui détient la propriété au profit de la communauté. La terre est en commun; les fruits et les récoltes sont en commun, le troupeau est en commun. L'homme, pris comme individu isolé, possède à peine pour lui seul, ses hardes et ses armes. Même pour nom propre, il n'a encore que le nom de la tribu. Il n'est qu'une cellule engagée dans l'ensemble du corps, indistincte de l'ensemble du corps. Il n'a pas une vie propre et particulière, il s'appartient à peine à lui-même. Il est donc naturel que tous répondent pour lui, et qu'il réponde pour tous. Ainsi s'explique la loi si singulière au premier abord qui donne lieu à cette dissertation. Et il arrive, que l'homme sorte de cette condition qu'il a primitivement au sein de la famille ou de la tribu; qu'il se dégage de cette sorte de gangue dans laquelle il est pris comme le polipier dans le corail, qu'au regard de ses proches, il acquière et maintienne des droits propres à lui seul; qu'il devienne une personne distincte, capable de posséder, d'hériter, de léguer, d'avoir un avis, de l'exprimer; mais tout cela ne devient sensible qu'à l'intérieur de la famille ou de la tribu; du dehors, on ne le voit pas; et les tribus ennemies continuent à considérer en masse celle à laquelle elles font la guerre ; à ne pas distinguer dans celle-là les individus qui la composent et à faire retomber leur vengeance indistinctement sur tous. Au fond, n'est-ce pas encore ce qui se passe entre les peuples les plus civilisés quand ils sont en état de guerre les uns contre les autres ?

Logiquement, la religion de Mahomet, aurait dû détruire cette conception de responsabilité collective. En effet, elle attribue à chaque homme une âme, distincte, personnelle, responsable, qui doit, après un jugement spécial et particulier, jouir des récompenses éternelles ou subir les peines éternelles. Cette attribution d'une personnalité aussi caractérisée était destinée, semble-t-il, à réagir sur le droit pénal appliqué aux individus pendant leur existence terrestre ; puisque dans la vie éternelle, chacun paye pour ses propres fautes, que nul ne paie pour les fautes d'autrui, que n'en est-il de même dans l'existence de ce monde passager ? Mais Mahomet n'était ni un logicien, ni un juriste. C'était plutôt un poète. Il fit peu d'innovations en fait de droit, si ce n'est en ce qui concerne la constitution de la famille. Il trouva, régissant les relations des hommes de son temps une conception simple, bornée, à portée de leurs esprits, et sans l'examiner sans doute, il la conserva. Elle répondait du reste à ses propres habitudes ; dès son extrême jeunesse, en effet, on le voit mêlé aux querelles intestines de son pays, aux luttes entre les tribus, aux vendettas entre les familles. Elle répondait aussi à ses passions. D'après le peu de choses certaines que nous savons de lui, ce devait être un homme charmant. Il paraît avoir eu le cœur généreux,. l'âme facile à l'émotion, accessible aux sentiments élevés et à la sympathie. Il ressemblait assez bien à ce qu'au dix-huitième siècle, nous avons appelé un homme sensible. Il savait pardonner. Mais il aimait la vengeance. Il y a là-dessus dans son histoire des anecdotes qui ne laissent aucun doute. Il a laissé cet esprit de vengeance dans ses lois. Ses fidèles et sa religion l'ont conservé. Animez de cet esprit des hommes ignorants, rudes, vivant dans des conditions géographiques qui favorisent la violence, qui semblent faites pour la susciter et la protéger, vous aurez les Kabiles. Et, s'ils ont les colères, les haines, l'âpreté de vengeance du prophète, ils n'ont pas bien entendu, sa générosité et sa poésie. Et sa doctrine ne leur fait pas une obligation de les avoir.

On conçoit après cela, que tous les Musulmans envisagent la vengeance comme un droit et souvent comme un devoir. Ils considèrent qu'elle est le propre des âmes fières. Le pardon des injures leur semble proche de la lâcheté. C'est un motif pour lequel beaucoup d'entre eux méprisent le christianisme.

Ce qui précède peut nous faire comprendre combien notre justice doit souvent sembler injuste à nos sujets musulmans Elle a pour objet principal de maintenir l'ordre dans la société. Nos lois sont conçues en vue de réprimer toutes les causes de désordre ; la haine mortelle et la vengeance sont au premier rang parmi ces causes. Or, les textes sacrés du Coran les rendent légitimes en certains cas, tandis que nous, nous les punissons toujours.

Cependant, les inconvénients sociaux qui découlent des haines et des vengeances sans fin sont tellement insupportables, que les barbares eux-mêmes y ont cherché un correctif. Ils ont conçu et appliqué le même dans les pays, les races et les temps les plus éloignés les uns des autres. Ce correctif, c'est le rachat de l'injure à prix d'argent : ce qu'on nomme d'ordinaire le prix du sang.

Les Germains le connaissaient. Ils ont importé cette coutume avec eux dans les Gaules. Les lois qu'ils ont rédigées à l'époque de leur conquête ont organisé et régularisé ce moyen de terminer les différends mortels entre les particuliers. Le taux en fut fixé ; il fut établi un tarif proportionnel à la nature et à la gravité des violences. Cet usage est connu des Musulmans et en particulier des Kabiles. Il se nomme chez-eux la Dia. Il a toujours été admis, en théorie et en pratique, par les tribus de la Petite Kabilie ; elles sont plus soumises aux prescriptions religieuses que celles du Jurjura. Pour ces dernières en théorie nous l'avons dit précédemment la Dia n'est pas admise. Mais la théorie fléchit souvent et la Dia est reçue en pratique. Quand, entre deux familles ennemies, le pacte a été conclu, le prix du sang fixé et payé, le meurtrier et tous ceux de sa famille sont désormais à l'abri de toute vengeance; et non seulement l'état de guerre cessera entre la famille de la victime et celle du meurtrier, mais encore aucune plainte ne sera portée devant la justice, aucune poursuite ne sera commencée, et si cette poursuite a été commencée, elle ne sera pas continuée.

Le Coran ne parle pas en termes exprès du rachat du sang comme il fait de la vengeance et du talion. C'est seulement par interprétation d'un texte, qu'on trouve dans le livre sacré l'institution de la Dia. Voici ce texte : « Ne tuez aucun homme, car Dieu nous l'a défendu, sauf pour une juste cause; quant à celui qui serait tué injustement, nous avons donné à son proche un pouvoir à ce sujet ». (chap. 17, verset 35). En combinant ce texte avec celui qui autorise l'application du talion, on voit que le proche de celui qui a été tué injustement, a pouvoir d'appliquer la loi du talion, et de venger le sang par le sang. Seulement, ont dit les interprètes, qui peut le plus, peut le moins, s'il peut exercer la vengeance, il peut aussi transiger au sujet de cette vengeance, et se contenter à moins cher qu'au prix d'une existence humaine. Et cette opinion est confirmée par deux autres textes, la fin du verset 173 et le commencement du verset 174 du chap. 2. Cependant celui qui a droit de poursuivre la vengeance ne doit pas y renoncer purement et simplement, sans aucune compensation. Il ne peut pas pardonner, comme ce serait par exemple le devoir d'un chrétien de le faire. Et par conséquent, les particuliers agissent exactement comme chez nous le fait la Justice, qui elle, a le droit de sévir et n'a pas le droit de pardonner comme le chrétien.

La tradition fait remonter l'institution de la Dia chez les Arabes jusqu'aux temps les plus lointains; elle en voit le premier exemple dans le sacrifice fameux d'Isaac par Abraham. Mais le prix du sang humain n'aurait été fixé de façon définitive que bien longtemps après ce sacrifice. Abdallah, père de Mahomet, aurait été racheté de la mort, exactement dans les mêmes conditions qu'Isaac, moyennant cent chameaux qui furent sacrifiés à sa place. De là, cette conclusion que le prix à payer pour la vie humaine est celui de cent chameaux. Bien entendu, cela n'est donné qu'à titre d'exemple. En pratique, le prix du sang varie selon l'importance de l'individu tué et aussi selon la puissance de ceux qui poursuivent la vengeance; il fait l'objet d'un débat et d'un marchandage.

Ajoutons que le rachat est autorisé par la cou-

tume en Kabilie pour tout crime ou tout délit,
aussi bien que pour le meurtre.

Dans les conditions où nous venons de l'exposer sommairement, la Dia se pratique en Kabilie
de façon courante, de nos jours même et sous les
yeux des autorités françaises qui, le plus ordinairement, n'y voient rien du tout. Et il n'y a pas lieu
de leur en faire le plus léger reproche. Ces autorités sont dans l'impossibilité absolue d'y rien voir.
En effet, elles ne sont pas en contact immédiat avec
les Kabiles. Elles ne les atteignent que par l'intermédiaire des fonctionnaires indigènes. Il y a de
ceux-ci dans chaque tribu. Or ils ne comprennent
pas du tout leur mission dans le même esprit que
l'autorité qui la leur confie. Ils sont imbus jusqu'au
fond de l'esprit musulman, imbus de leurs traditions et de leurs mœurs populaires. Et naturellement ils sont portés à admettre tout ce qu'admettent le Coran et leurs coutumes. Ajoutez à cela
qu'ils sont comme tous les gens de civilisation
orientale, très accessibles aux influences exercées
par la force et par l'argent, et enclins à admettre
que ceux qui sont riches et forts doivent avoir toujours raison. Or, ceux qui sont à même d'exiger
et de payer la Dia sont toujours, et par définition,
des gens d'assez grande importance pour avoir
l'oreille d'un fonctionnaire musulman. Aussi,
quand un voleur compose avec celui qu'il a volé,
quand la famille d'un individu tué a reçu le prix

du sang, personne ne porte plainte, tout le monde s'entend pour étouffer l'affaire; le plus souvent la justice française n'a même pas un indice qui lui permette de savoir ce qui s'est passé. Quand elle en a un, elle ne parvient pas à élucider les choses : les témoins se taisent, ou mentent, tous d'accord; les pièces à conviction disparaissent, les traces du crime ou du délit s'évanouissent, et c'est une affaire à classer. Un très grand nombre de crimes et de délits échappent ainsi à toute poursuite devant nos tribunaux, et c'est sans doute une des raisons pour lesquelles l'état de l'Algérie est mauvais au point de vue de la criminalité.

Liberté des Kabiles

Le Kabile est un homme libre. Jamais, dans aucun temps, sous aucune forme, il n'a connu pour lui l'asservissement ni rien qui ressemble à l'asservissement.

Les Kabiles ont parfois été propriétaires d'esclaves; c'étaient en général des nègres, amenés du centre de l'Afrique; rarement quelques chrétiens capturés par les pirates barbaresques. Mais ce qui est remarquable, c'est que jamais, en Kabilie, un Kabile n'a subi l'esclavage; que jamais un Kabile n'en a eu un autre pour esclave ou n'a cherché à le réduire à l'état d'esclave.

De tous les peuples barbares, c'est le seul qui ait jamais eu une conception aussi haute, aussi constante, de son droit à la liberté; le seul qui ait aussi bien garanti ce droit à tous ceux qui le composaient. Les Germains eux-mêmes, ces prototypes des barbares libres, n'ont jamais eu à ce haut point le respect de leur liberté. Ils réduisaient en esclavage d'autres Germains; d'abord les hommes qui n'appartenaient pas à leur propre tribu; puis également les hommes de cette tribu, plus encore ceux de leur propre canton, de leur propre village. Écoutez Tacite : « Ils connaissent les jeux de hasard ; si follement acharnés au gain et à la perte que, quand ils n'ont plus rien, ils jouent encore dans un dernier coup de dés leur personne et leur liberté. On se défait par le commerce des esclaves de cette espèce pour se délivrer en même temps de la honte d'une telle victoire. » Si la victoire était honteuse, on n'en tirait pas moins tout le profit.

Les Kabiles sont des joueurs effrénés ; à chaque instant, les parties de jeu se terminent entre eux par des querelles violentes, des coups, même des meurtres. Jamais le perdant n'a conçu l'idée de payer sa dette du prix de sa liberté, jamais le gagnant n'a eu l'idée de se payer en prenant l'autre pour esclave.

Leurs guerres intestines n'ont cessé que depuis la domination française. Jamais ceux qui furent vainqueurs dans ces guerres n'eurent l'idée de réduire en esclavage leurs prisonniers, parlant la même langue qu'eux-mêmes, ayant les mêmes mœurs, la même origine, le même sang.

C'est là un trait qui est absolument particulier aux Kabiles. Il leur fait le plus grand honneur. Il permet de les placer très haut dans la hiérarchie des nations nobles.

Dans leur esprit, dans leurs penchants, rien qui

rappelle les sentiments que peut inspirer l'esclavage. Ils ne connaissent à aucun degré la dépendance d'un homme envers un autre homme. Ils ignorent le sentiment intime, si fort chez la plupart des races qui inspire à certains individus de se regarder comme naturellement supérieurs à certains autres, de se reconnaître le droit de commander de naissance à ceux-là, de compter sur leur obéissance, leur abnégation, leur dévouement. Nul d'entre eux non plus ne se considère comme étant, naturellement, ou en vertu d'une convention quelconque l'inférieur d'un autre auquel il devrait se dévouer, pour lequel il devrait se sacrifier. Aucune trace parmi eux du sentiment féodal qui attachait, qui même dans certains pays modernes, attache encore si fortement le vassal au suzerain, le sujet au souverain.

Il n'y a qu'un seul être auquel il reconnaisse qu'il doit obéir : c'est son père. Celui-là, obtiendra tout de lui ; le fils ira même jusqu'à sacrifier son argent, quand il s'agit de son père Et je crois que pour un Kabile, il n'y a pas de marque de dévouement supérieure à celle-là. Le père est respecté, vénéré, obéi, tant qu'il est vivant. Si vous avez rendu un service éminent à un Kabile, s'il croit vous devoir de la reconnaissance, il vous dira : « Tu es pour moi comme mon père ». Le sentiment qui correspond à cette déclaration durera peut-être aussi longtemps que votre obligé ne se croira pas quitte envers nous. Ne vous y fiez pas cependant outre mesure. En tous cas, jamais il ne se croira tenu à un dévouement éternel.

En dehors de là, le Kabile n'a de dévouement gratuit que pour la loi, ou bien, pour des collectivités, presque des entités, comme la tribu, la famille, le çof. Des sentiments comme ceux des soldats de César ou de Napoléon pour leur chef ne se sont jamais manifestés chez eux.

Et quand on pénètre au fond de ce dévouement si restreint du Kabile, quand on en cherche les origines, on peut voir qu'il n'est inspiré par aucun motif de générosité pure, par aucune impulsion d'être utile gratuitement et sans espoir de récompense ; tout au contraire ce dévouement aboutit pour lui à se procurer les moyens de garantir ses intérêts, sa volonté, sa personne.

L'âme du Kabile est essentiellement une âme de démocrate, personnelle, égoïste, indépendante de tout lien, de toute subordination.

Famille, Tribu, Çof

Une société, même primitive, comme l'est à beaucoup de points de vue la société Kabile ne se maintient que si les individus qui la composent s'accordent sur un certain nombre de sentiments qu'on peut nommer les sentiments du lien social; il faut qu'il s'accordent pour aimer ou du moins pour respecter certaines institutions et pour les conserver par le concours de l'assentiment commun. Le maintien, la durée de la société Kabile a toujours été assuré par les sentiments vifs, profonds énergiques, qui n'ont jamais cessé d'entourer chez elle les trois institutions sur lesquelles elle repose tout entière : et qui sont la famille, la tribu et le çof.

La famille Kabile a pour base unique la puissance du père, comme la famille romaine; la mère y compte peu, ou même pas du tout. En toutes choses, la position faite à la femme est infime, dans la société Kabile; en théorie toujours, en pratique le plus souvent, la femme y est dépourvue de toute personnalité; cependant il arrive souvent qu'elle y exerce une grande influence; mais alors, elle la doit, par exception à ses qualités personnelles; elle ne la tire jamais ni des mœurs ni des institutions, ni de l'opinion. Dans l'intérieur de la famille, et il faut prendre ici ce mot dans le vieux sens romain, le père est absolu; il gouverne en maître, sans contrôle et sans contre-poids; sa femme ou ses femmes, ses enfants, garçons et filles, ses serviteurs quand il en a par hasard, tout lui est soumis. Non seulement son autorité est subie, acceptée, honorée, elle est encore aimée, je dirais, presque adorée; tout se tait quand il parle, et tout obéit quand il commande, quoiqu'il dise et ordonne, et la famille entière s'empresse avec amour et respect à se taire, et à se soumettre.

Pendant toute sa vie, le père maintient aisément sa puissance. Il règle la besogne, il la distribue; il profite seul du travail de tous; il prend, ou pour mieux dire, il reçoit les gains et les profits de chacun. Il garde ou répudie à volonté sa femme ou ses femmes. Il vend ses filles, en mariage ou autrement. Ses fils se marient selon ses ordres à la femme qu'il leur désigne. Il fait divorcer les unes et les autres quand il le juge utile à son intérêt. Son autorité égale, dépasse même celle du pater familias romain.

Cette obéissance absolue et spontanée de ses enfants, le Kabile la mérite par l'amour qu'il leur témoigne et par les soins qu'il leur prodigue quand ils sont petits. Le père en Kabilie, remplit une grande partie des fonctions qui sont partout ailleurs dévolues à la mère. Sans doute, il n'accou che point et il n'allaite pas. Mais presque toujours il joue à la perfection le rôle de nourrice sèche. Et rien n'est amusant comme de voir, sur le pas des portes de grands diables bronzés, à la figure revêche, grandis encore par leurs longs vêtements, qui dans leurs bras secs et nerveux tiennent un bébé de quelques mois, le portent avec des précautions infinies et une adresse sans égale, calment ses cris, le dorlotent, le bercent, l'endorment, avec une patience, une douceur, une tendresse qui forment le plus singulier contraste avec leur apparence et démentent absolument la rudesse de leur aspect. Pendant que le père couve ainsi sa progéniture, la mère travaille et elle travaille dur. Elle bêche la terre, fend le bois, va chercher l'eau, allume le feu, fait la cuisine et pour se reposer, elle donne le sein au nourrisson.

Cette tendresse et ces soins, le père ne les prodigue à la vérité qu'à ses fils ; il dédaigne ses filles, du moins il paraît le faire ; mais il est probable qu'il n'y a là qu'une attitude, imposée par les préjugés et la pression de l'opinion publique. Il est admis, chez les Kabiles aussi bien que chez les Arabes, que la naissance d'une fille est une sorte de malheur pour la famille. Ce serait heurter l'opinion générale de faire quoique que ce soit qui parut en contradiction avec ce préjugé. Pourtant, j'ai vu à plusieurs reprises certains Kabiles, quand ils s'échappaient à la surveillance de cette opinion se montrer très tendres pour leurs filles, et presque autant que pour leurs garçons.

Ce n'est pas peu dire. A mesure que le fils grandit, le père continue à l'entourer de soins et de vigilante tendresse. Il en fait son ami, son compagnon, le garde à ses côtés, veille sur lui, cause avec lui. Le plus souvent, il le fait dormir à ses côtés. Je me souviens de ceci : Un Kabile faisait la sieste dans son jardin, ses ennemis tirèrent sur lui plusieurs coups de fusil par une brèche existant dans la haie de cactus qui formait la clôture, une balle traversa le burnous de l'homme sans le toucher et tua son fils, enfant de huit ans qui dormait dans les bras de son père, enveloppé dans le même manteau que lui. Et certes, le père se serait bien fait tuer s'il avait pu, pour son enfant.

Il est remarquable que cette autorité du père de famille n'ait pas conduit la société Kabile à s'organiser en aristocratie. C'est cependant l'effet ordinaire du patriarcat. Ce qui a maintenu la démocratie chez les Kabiles, c'est que cette puissance énorme du père disparaît avec lui; il ne la transmet pas à un de ses héritiers par préférence aux autres; elle n'est que viagère. Lui mort, chacun des fils se considère et se conduit comme l'égal des autres. Il n'y a aucune différence entre les droits des uns et des autres, des aînés et des cadets, par exemple. Sans doute, il arrive que des frères restent dans l'indivision de l'héritage paternel et qu'ils confient à l'aîné la direction de cette indivision ; cet aîné hérite alors de la plus grande partie de l'autorité du père. Ce fait est assez fréquent ; mais il est loin d'être universel. Il dépend des circonstances et surtout de l'âge relatif des frères : il se produit par exemple, quand, à la mort du père, l'aîné est parvenu à l'âge viril, tandis que les puînés sont encore des enfants. Mais si tous les fils ont l'âge d'homme à l'époque où ils héritent, il est infiniment rare qu'ils restent dans l'indivision. Au contraire, on les voit se partager avec une complète égalité l'héritage paternel, et chacun fonde sa famille de son côté. Cependant, ils restent toujours extrêmement unis de sentiments, et leur union se montre aussi forte et aussi tendre que celle qu'ils avaient avec leur père. Très fréquemment, bien qu'ils aient chacun un patrimoine distinct, ils continuent d'habiter la même maison : d'ordinaire, chacun d'eux avec sa femme et ses enfants occupe un des corps de bâtiment rangés autour d'une cour commune. Ils peuvent mieux ainsi se rendre de petits services les uns aux autres ; en particulier, il y a toujours un des hommes qui reste au logis pour surveiller les femmes, tandis que les autres vaquent au dehors à leurs occupations. Même quand ils n'habitent pas ensemble, les frères restent très unis de sentiments. Les frères ennemis, sont, je crois bien, introuvables chez les Kabiles.

Ce sentiment d'affection et d'union persiste entre oncles et neveux et entre cousins germains; ces derniers entre eux, se donnent ordinairement le nom de frères : quand un Kabile parle de son frère, il s'agit très souvent de son cousin germain; ils ont cependant un mot spécial pour désigner la parenté de cousinage. L'habitation commune, dans les conditions indiquées plus haut, est aussi fréquente entre cousins germains qu'entre frères. Le patrimoine du grand-père commun reste souvent indivis entre les cousins.

Mais, à un degré de parenté plus éloigné, le lien familial se relâche au point qu'il ne semble même plus exister. La communauté d'origine s'oublie; les cousins issus de germains se connaissent peu, se traitent à peine en parents du même sang; les intérêts se séparent, l'affection se refroidit, et même les haines surgissent entre eux avec les vengeances qui les suivent; en un mot, la famille n'existe plus.

En sorte que la famille Kabile est une institution à la fois très forte et très étroite. Il est à remarquer que ce peu d'étendue du lien familial se retrouve le même dans tous les peuples démocratiques sans exception. Il y a même de ces peuples civilisés chez lequel ce relâchement est encore plus marqué, tandis qu'au contraire, les peuples d'instinct et d'organisation aristocratiques maintiennent aussi loin qu'il est possible les relations de la parenté. Mais dans la plupart des nations démocratiques, le pouvoir paternel est beaucoup plus restreint que chez les Kabiles, et ces derniers présentent l'anomalie d'un pouvoir paternel s'exerçant avec l'énergie qu'il n'a d'ordinaire que dans les aristocraties et d'un relâchement des autres liens de la famille tel qu'on le constate dans les démocraties.

La dispersion de la famille Kabile au delà d'un certain degré de parenté s'explique par les conditions économiques de l'existence en Kabilie. Le pays est peu productif; coupé en vallées de médiocre étendue, impropre à l'élevage en grand du bétail, au contraire favorable à la petite culture. A mesure que la famille se multiplie, ses membres sont donc obligés pour vivre, de s'écarter les uns des autres, chacun à la recherche de la terre sur laquelle il subsistera; ils s'éloignent, se séparent, bientôt ils ne se connaissent plus; bientôt même leurs intérêts en arrivent à se contrarier les uns les autres. L'Arabe, au contraire, vit dans de grandes plaines favorables au bétail, il suit le troupeau qui lui fournit son existence. Toute la famille s'y accroît en maintenant ses liens à l'infini,

La tribu Kabile, paraît bien à l'origine n'avoir été que la famille étendue dans toutes ses ramifications. La plupart des tribus reconnaissent un auteur commun, souvent, une sorte de héros éponyme, pour tous les membres qui en font partie en sorte que ceux-ci ne seraient que des oncles et neveux et des cousins à des degrés fort éloignés. Cette opinion des Kabiles sur eux-mêmes est admissible, elle est même très probable. Il est extrêmement difficile à un étranger, de venir s'établir dans une tribu; je ne parle pas d'un homme étranger à la race Kabile, mais d'un Kabile de race qui cherche à habiter dans une tribu qui n'est pas la sienne. Il ne pourra le faire qu'avec toutes sortes de restrictions imposées et consacrées par la coutume; et même quand à la fin, il est admis, il est mal vu; ses voisins lui font mauvaise mine; il endure des vexations de toute sorte; il est toujours traité plus ou moins en ennemi. Il est donc probable que l'émigration à l'intérieur a été peu nombreuse et peu fréquente en ce pays, et que chaque tribu a gardé l'intégrité du sang par les mâles. Les mélanges ont pu se faire par les mariages; rien dans les mœurs ni dans la loi ne s'oppose à ce qu'un Kabile épouse une femme d'une tribu étrangère à la sienne, et ils ne connaissent aucune de ces restrictions comme il y en avait chez les peuples de l'antiquité, les Athéniens, par exemple, chez qui un Athénien ne pouvait valablement se marier qu'à une Athénienne.

La tribu présente pour le Kabile, un immense

intérêt ; en effet, chacune a son territoire, son organisation politique, distincte, des intérêts économiques particuliers, des mœurs spéciales, ses coutumes, au sens juridique que notre moyen âge attachait à ce dernier mot, et ces coutumes varient de l'une à l'autre. Aussi la tribu est-elle l'objet d'un patriotisme énergique et vivace.

L'étude approfondie de la tribu Kabile sort de notre cadre. Nous voulons étudier les traits généraux du peuple Kabile ; il est inutile de s'attacher aux traits particuliers et légers qui peuvent constituer des différences. De plus la conquête française a détruit l'organisation politique de ce peuple, ses fameuses républiques n'existent plus et il est difficile maintenant de constater chez lui les sentiments de patriotisme local, d'amour pour la tribu qui ont pu, qui ont dû exister autre, fois.

Mais les nécessités sociales et politiques avaient fait naître chez les Kabiles un organisme spécial, auquel ils étaient attachés avec une sorte de farouche passion. Cet organisme subsiste toujours, entouré d'un amour aussi profond, aussi violent qu'il a jamais pu se montrer ; cet organisme là c'est le çof.

Le çof, en Kabile, joue un rôle énorme, prépondérant, et le mot lui-même qui désigne l'institution est un de ceux qui frappent l'oreille tout d'abord, et qui forcent l'attention par la fréquence avec laquelle on l'entend répéter. Sans cesse, vous entendez des propos comme ceux-ci : « Un tel, je ne le fréquente pas, il n'est pas de mon çof. » « Sidi M'Hand, c'est un homme important, il dirige le çof principal dans tel village. » Une tribu est divisée en cinq, six, sept çofs différents. Ici, me disait un fellah dans un petit village particulièrement prospère, nous vivons heureux, nous sommes tous du même çof. Et ainsi de suite. Qu'est-ce donc que le çof, cette institution séculaire que la conquête française n'a même pas ébranlée, tandis qu'elle détruisait toutes les autres ? On a donné de lui toutes sortes d'explications, toutes sortes de définitions ; jusqu'à présent je n'en ai point vu une seule qui fût absolument exacte.

Notons d'abord que le çof n'est pas et n'a jamais été une institution officielle, créée, consacrée soit par la loi écrite, soit par la coutume ayant force de loi. Il a existé et il existe, il s'est formé et il se forme par la force des choses agissant en ce pays ; c'est un fait permanent, un ordre naturel ; il surgit spontanément et de façon irrésistible et incompressible.

Le mot çof lui-même est arabe. Il signifie ligne, rangée ; dans le sens d'une ligne d'hommes, d'une rangée de soldats, par exemple. Et cette traduction peut commencer à faire comprendre ce que c'est qu'un çof. C'est la réunion ou l'assemblage des hommes qui se mettent en ligne pour combattre, pour lutter, ou simplement pour agir du même côté, dans le même sens.

Cette espèce d'organisation n'est pas particulière à la Kabilie ; elle a existé chez plusieurs peuples qui n'avaient et ne pouvaient absolument rien avoir de commun avec les Kabiles. La meilleure définition qui puisse en être faite, je l'emprunte à un illustre historien français qui, plus que probablement, n'a jamais eu la moindre occasion de s'occuper des Kabiles, et qui peut être même ignorait tout à fait l'existence de ce petit peuple. La voici :

« Tous les membres de l'association promettaient par serment de se défendre l'un l'autre et de s'entr'aider comme des frères. Cette promesse de secours et d'appui comprenait tous les périls, tous les grands accidents de la vie; il y avait assurance mutuelle contre les voies de fait et les injures; contre l'incendie et le naufrage et aussi contre les poursuites légales encourues pour des crimes ou des délits même avérés. Chacune de ces associations avait des chefs pris dans son sein, un trésor commun alimenté par des contributions annuelles, et des statuts obligatoires pour tous ses membres; elle formait ainsi une société à part au milieu de la nation et de la tribu. Cette société ne se bornait pas comme celle de la tribu à un territoire déterminé; elle était sans limites d'aucun genre, elle se propageait au loin et réunissait toute espèce de personnes. C'était une sorte de communion qui entretenait par des symboles et par la foi du serment, des liens de charité réciproque entre les associés ; charité exclusive, hostile même à l'égard de tous ceux qui restés en dehors de l'association ne pouvaient prendre le titre de membre. Telle était cette étrange, mais puissante association de liberté et de protection extra-légale. »

J'emprunte cette définition à Augustin Thierry ; c'est celle qu'il donne de ces vieilles et fameuses associations si nombreuses chez les Germains et chez les Scandinaves et qu'ils nommaient des Guildes. Elle convient aux çofs trait pour trait, sans aucune différence. Voici, ce que disent du çof MM. Hanoteau et Letourneux :

« Un çof Kabile n'est autre chose qu'une association d'assistance mutuelle dans la défense et dans l'attaque pour toute les éventualités de la vie. Son but est assez bien défini par le vieil adage Kabile : «Aide les tiens, qu'ils aient tort ou raison. » — et plus loin: « l'extension du çof gagne ainsi de proche, s'étend à la tribu, à la confédération et même aux tribus étrangères, dans un vaste rayon ».

On le voit l'idendité est complète.

Bien entendu, il est inutile de chercher aucune parenté de race, aucune origine commune entre les Germains et les Scandinaves d'une part, et les

Kabiles de l'autre. Ce n'est pas dans un motif de cette nature qu'on peut retrouver la cause de cette identité d'institutions. Mais ce qui est certain c'est que l'état politique des Scandinaves et des Germains aux premiers siècles de l'ère chrétienne se rapprochait singulièrement de celui des Kabiles de nos jours, si même il n'était pas identique à celui-là. Cet état politique se caractérise par l'absence presque complète de toute autorité assez puissante pour protéger les individus isolés, trop faibles pour se protéger eux-mêmes dans leur isolement. Chez les peuples germaniques primitifs, ce que nous voyons organisé, ce sont des bandes, plus ou moins nombreuses, dirigées par un chef militaire, et formées pour la guerre ou simplement pour le pillage. Mais dans l'intérieur d'une nation ou d'une tribu, un pouvoir exécutif, un pouvoir judiciaire, une police, cela n'existe pas, ou n'existe qu'à l'état embryonnaire. En tout cas, ces différents pouvoirs sont d'une insuffisance absolue. Les individus se protègent donc eux-mêmes quand ils sont assez forts pour le faire; ils ont l'appui de leur famille, de leurs amis, de leurs voisins; quand ils ont subi un dommage, ils se vengent comme ils peuvent, de celui qui le leur a causé ; la vengeance est la forme indispensable de la justice, dans les temps primitifs; et nous mêmes ne disions nous pas, il y a peu de temps encore, la vengeance, la vindicte publique ? Vieille réminiscence du temps jadis. C'était à la société toute entière qu'était passée la mission de venger l'individu. Effet de la civilisation dans les actes, reste de barbarie dans le langage. Dans les temps primitifs, barbares, inorganiques, l'individu se venge soi-même.

Il se venge soi-même quand il peut le faire, quand il est assez fort, assez résolu, pour agir seul. Mais c'est un cas exceptionnel : il faut d'abord, s'il est seul, qu'il ne trouve qu'un seul homme devant lui. Mais s'il trouve une bande ? Il aura l'aide de ses parents, de ses alliés moyennant promesse de les aider quand ils auront besoin de lui. Mais souvent cette aide encore sera trop restreinte, sans pouvoir suffisant, sans efficacité.

Il faut pourtant se protéger, il faut surtout se venger, c'est la seule chance qu'on ait de vivre ; alors on se réunira ; on constituera une association dans laquelle on attirera le plus grand nombre possible d'individus, choisis le mieux possible, on jurera de se donner réciproquement aide et protection les uns aux autres, de se porter tous au secours d'un seul. Et de cette nécessité naîtront des organisations telles que la guilde et le gof.

Quand ces organisations seront formées, leur premier besoin, leur soin le plus important, sera de se maintenir. Pour y arriver, il faudra établir une solidarité absolue entre les membres ; il faudra qu'ils se protègent les uns les autres dans toutes les circonstances, qu'ils se portent aide réciproque dans tous les périls sans exception. Et comment distinguer si l'action qui fait courir un danger au membre de l'association est légitime ou ne l'est pas? D'abord, le sentiment lui-même empêche de faire cette distinction; nous sommes portés à donner raison sans réfléchir à ceux qui vivent avec nous, que nous voyons chaque jour, avec qui nous nous rencontrons dans les mêmes lieux, avec qui nous prenons part aux mêmes repas. Et puis, dans l'état de barbarie, la distinction du bien et du mal n'est pas toujours certaine. Et puis surtout, si l'aide de l'association est refusée au sociétaire qui commettra un délit ou un crime, l'association risque de s'affaiblir, de perdre des membres énergiques, vigoureux, utiles aux autres dans l'occasion. De là, la nécessité de se protéger les uns les autres, non seulement quand on est d'accord avec la loi, mais aussi quand il faut marcher contre elle. Par la nécessité même de son existence, la guilde, comme le çof, sera contrainte de protéger celui de ses associés qui sera même à ses yeux un criminel avéré. C'est de tout temps, le grand danger que présentent ces sortes d'associations; c'est celui qu'elles présentent de nos jours en face de la police et de la justice française. Ce qui augmente le danger, c'est qu'une organisation telle que le çof, quand elle est bien constituée, que ses membres se tiennent bien entre eux, ne se bornera jamais à un rôle purement défensif. Le meilleur moyen de se défendre, c'est d'attaquer. Aussi, la guilde, le çof, seront-ils animés d'une activité extrême et d'un extraordinaire esprit d'agression. Ils seront alors des instruments de protection très efficaces pour ceux qui en font partie, et des instruments de désordre extrêmement dangereux pour la société dans laquelle ils agissent. Ils y entretiendront l'anarchie et la brutalité. C'est bien ce qui se passe; et les faits sont absolument d'accord avec le raisonnement.

Une pareille organisation n'est possible que chez un peuple libre; et chez un peuple libre, chacun se mêle du gouvernement de la chose publique, autrement dit, chacun fait de la politique, quelquefois même contre son propre gré. Des êtres moraux, des individus multiples, comme la guilde ou le çof, feront donc de la politique et comme ils sont, bien entendu, infiniment plus puissants que les particuliers isolés, ils seront en politique, les plus énergiques de tous les agents, ils absorberont toute influence et tout pouvoir. Les çofs font donc de la politique au sein des tribus, et ils en font si bien qu'au premier abord, ceux qui les ont observés les ont pris pour des partis politiques organisés, tels qu'on en voit dans les pays libres de l'Europe. Les çofs sont bien quelque chose de pareil, mais ils sont encore, et surtout, tout autre chose.

Il faut les voir en action, dans l'intérieur de la tribu et pour cela, avoir une notion de la manière dont cette tribu se gouverne. Avant la conquête française, la tribu était en pleine possession de se gouverner elle-même, sans aucun contrôle. La plénitude de la puissance appartenait à l'assemblée du peuple, à la djemââ. Djemââ, est encore un mot arabe, naturalisé en langue kabile. En arabe, il signifie vendredi, le jour de la semaine, Par extension, on l'applique en Kabilie à la mosquée, où le culte se célèbre le vendredi, puis encore à la place publique qui se trouve invariablement devant la mosquée, et enfin, aux assemblées de citoyens qui se tiennent sur cette place. Le plus souvent, la tribu tout entière habite un seul et même village, rassemblée, comme nous l'avons décrit, sur quelque hauteur, dans un lieu défensif bien choisi ; ainsi s'élevait la cité antique en Italie et en Grèce, Il est donc facile de réunir à volonté tous les hommes de la tribu. Même dans les champs voisins, où ils travaillent, ils entendront le signal de ralliement, et ils accourront aussitôt. Une assemblée du peuple, qui peut se réunir ainsi, incessamment, chaque jour, et l'on pourrait dire à chaque heure du jour, qu'a-t-elle besoin de déléguer ses pouvoirs à des réprésentants? de créer un pouvoir exécutif, d'instituer un pouvoir judiciaire? Aucun. N'est-il pas plus simple qu'elle soit elle-même tous les pouvoirs, qu'elle les exerce par elle-même sans intermédiaire, qu'elle exécute d'emblée toutes ses décisions et qu'elle donne elle-même, à l'instant, tout leur effet aux délibérations qu'elle vient de prendre? Toute assemblée de cette espèce est nécessairement une convention, et plus encore. Telle était la djemâa Kabile, tout à la fois assemblée délibérante prenant des décisions, tribunal jugeant sans appel, pouvoir exécutif assurant sans délai l'effet de ses délibérations et de ses sentences.

Il y avait bien un certain nombre de dignitaires dans les tribus Kabiles. Elles avaient un président de la djemâa, l'amîn, dont le rôle était des plus délicats et des plus importants ; un trésorier, un secrétaire, quelquefois certains inspecteurs chargés de veiller soit à l'hygiène, soit à la sécurité publique. Mais aucun de ces dignitaires n'avait en propre une autorité si faible qu'elle fût : aucun n'aurait eu le droit ou le pouvoir de procéder à un acte d'exécution quelconque en dehors de la djemâa, assemblée et présente, aucun n'avait à proprement parler une part du pouvoir exécutif, aucun ne possédait le moindre moyen de coercition sur les membres de la tribu pris individuellement ; aucun n'aurait pu par exemple exercer une contrainte sur un citoyen pour l'obliger à payer l'impôt, ou n'aurait pu prendre l'initiative d'arrêter, d'emprisonner ou de châtier un délinquant ou un

criminel. Ce n'étaient pas ce que dans notre antiquité classique, et dans nos états modernes, nous
nommons des magistrats. Pour toute difficulté,
pour toute contestation, il fallait s'en référer à la
djemââ. Ce gouvernement paraissait être l'idéal
du gouvernement direct du peuple lui-même.

Voyons comment il agissait : prenons un
exemple, un fait qui se produit souvent en Kabilie;
sous un prétexte quelconque, pour une question
d'intérêt ou pour une femme, une querelle éclate
entre deux hommes de la tribu. Ils discutent âpre-
ment, car ils sont chacun pleins de leur personnalité, et nullement enclins à rien céder jamais de
leurs prétentions. Ils s'échauffent, en viennent aux
injures, puis aux coups; les casse-tête (debbous)
sortent de dessous les burnous; attaque, riposte,
lutte violente; un des deux reçoit le coup classique sur la tête et tombe raide mort. C'est une
scène comme il s'en donne chaque semaine plusieurs représentations en Kabilie.

Au bruit de la dispute et du combat, les voisins
sont arrivés; les femmes sont sorties des maisons
et leur bruyant caquetage assourdit à la fois les
hommes et les excite. Quand le vaincu est tombé
mort, elles ont poussé ces hurlements funèbres et
furieux qui sont la manifestation de deuil chez les
femmes de tous les peuples barbares, dans toutes
les races et dans tous les temps. Les parents, les
amis, les partisans des combattants sont réunis

face à face, ils se préparent à combattre, il va se produire une rixe générale, une *néfra*, quand intervient l'amîn. Aussitôt, il prend des dispositions pour réunir la djemâa, et il y parvient en quelques instants; le bruit seul du tumulte a amené sur la place les hommes restés dans le village, les clameurs des femmes ont porté au loin, répétées et prolongées par l'écho des montagnes, ceux qui travaillent aux champs se sont interrompus, les crieurs les hèlent, les renseignent, ils arrivent à toutes jambes. En peu d'instants les voilà tous, l'assemblée du peuple est réunie, prête à fonctionner.

Devant elle paraît le meurtrier. Il est conduit de force par des gens de bonne volonté; d'ordinaire, il se présente librement et volontairement. Sans délai, l'affaire est instruite. Sous la présidence de l'amîn, homme habile et singulièrement expert à manier les foules, on interroge l'accusé, on entend les témoins, on procède au réquisitoire, à la défense, au jugement, qui est rendu séance tenante, mais non sans de longues contestations, et de longs discours. Supposons l'accusé condamné, à une peine très grave, à la mort. Qui va exécuter la sentence?

Qui? Ceux-là même qui viennent de la prononcer. La djemâa a condamné, c'est la djemâa qui exécute; le meurtrier sera mis à mort par des hommes de bonne volonté, ou par la foule réunie en masse dans une sorte de lynchage, mais de lynchage légal aux yeux de ceux qui l'auront accompli. Et de même dans tous les autres cas.

Car une fois assemblée, la djemâa n'est pas tenue de se limiter à l'examen d'une seule affaire ou d'un nombre limité d'affaires. Son pouvoir est absolu, elle dispose comme elle l'entend de son ordre du jour. Voilà justement qu'une fois liquidée l'affaire sanglante qui avait motivé sa réunion extraordinaire, il en est soulevé une autre, grotesque, celle-là, du moins à notre point de vue à nous autres Européens. Une femme, par l'organe de son mandataire, se plaint de son mari ; la djemâa décide qu'elle écoutera la plainte, et qu'elle statuera. C'est une plainte assez souvent élevée par les femmes en pays musulmans ; elle consiste à prétendre que le mari ne leur donne pas toute la part de bonheur à laquelle elles ont droit, et ce que ces femmes entendent par le bonheur, il faudrait pour le dire la plume de Boccace ou le style des contes de la Fontaine. La djemâa fait son enquête sur le cas. S'il lui paraît démontré, elle statue et inflige une pénalité au délinquant. Au besoin, elle ordonne un transport sur lieux par ses délégués désignés immédiatement ; ou bien elle-même en masse, elle se rendra au domicile des contestants, elle se livrera aux investigations les plus minutieuses, les plus indis-

crètes, les plus audacieuses; elle juge souveraine-
nemet et sans appel possible.

Il serait facile de multiplier à l'infini ces espèces, comme on dit au Palais. Ces deux exemples
suffisent à montrer combien redoutable aux individus isolés pouvait se montrer et se montrait
souvent le pouvoir de la Djemââ. Et rien ne
retenait ce pouvoir, son seul frein, était la religion, la loi divine du Coran. Mais combien faible
ce frein! Car le Coran ne s'est jamais opposé au
despotisme, que ce despotisme soit exercé par un
maître unique ou par un maître multiple et collectif. Et puis, quand leurs intérêts sont en jeu,
les Kabiles bien que musulmans souvent fanatiques ne tiennent pas toujours compte des prescriptions du Livre Saint; ils les tournent ou les violent
délibérément. C'est ce qu'ils ont fait quand ils ont
enlevé de leurs coutumes le droit de propriété que
le Coran reconnait aux femmes de la façon la plus
formelle. Ils n'ont pas non plus, bien entendu, la
moindre idée de ce que notre Révolution Française a appelé « les droits de l'homme ». Jamais il
n'est apparu à leur esprit, aussi vaguement que
ce puisse être qu'un individu isolé pouvait avoir
des droits que la collectivité tout entière, réunie
contre lui, n'a pas le droit d'enfreindre; ils écra-
sent d'instinct l'individu sous le poids de la masse
sociale dont il fait partie. Au fonds, l'humanité
tout entière n'a pas eu d'autre conception jusqu'à

la Révolution Française; ces belles républiques de l'Antiquité grecque et latine n'en avaient pas d'autre; et ce fut sans doute la cause profonde de leur décadence et de leur ruine, malgré la beauté de leur génie.

Le cas que nous avons supposé, c'est celui où le Kabile comparaissait devant la djemâa à l'état d'individu isolé, sans être assisté de personne, sans compagnons ni associés de sa fortune. Il pouvait se présenter qu'un habitant de la tribu ne fût affilié à aucune association dont il pût invoquer l'appui, soit que pas une n'eût voulu l'accepter comme membre, soit qu'il vînt d'être expulsé de celle dont il faisait partie, soit pour toute autre cause. Mais la situation changeait de tournure, quand l'individu ne comparaissait plus isolé, faible impuissant en cet état, devant une collectivité, toute prête à l'écraser, quand au contraire il avait avec lui, à ses cotés, tout un çof, bien organisé, bien dirigé et disposé à l'assister de toute sa force et de toute l'énergie de sa solidarité. Cet homme d'abord, contre lequel sa femme a porté une accusation odieuse et ridicule, il va tout simplement offrir le serment, selon la coutume, il sera admis à le prêter, et il trouvera dans son çof les cojureurs, ceux qui prêteront serment pour appuyer et confirmer le sien. Il en sera de cette façon quitte à bon compte. Pour celui qui a commis le meurtre, le çof dont il fait partie ne va pas le laisser ainsi condamner et exécuter. Tous se serrent autour de lui : ils protestent qu'il est innocent, qu'il y a erreur, malentendu; qu'au surplus, c'est en se défendant qu'il a tué, qu'il était dans son droit de légitime défense. Et si tout cela est trop évidemment impossible à soutenir et ne peut convaincre l'assemblée, alors le çof tout entier va user des grands moyens; s'il est assez puissant, assez nombreux, assez bien armé, il ne craindra pas la lutte ouverte et se retirera de la djemââ, emmenant l'accusé dans ses rangs, sous sa protection. Ce sera une déclaration de guerre civile. Ou bien le çof composera, il fera admettre que le meurtrier peut payer le prix du sang, la dia; dans l'intérêt de la concorde et de la paix publique, l'amîn interviendra, fera admettre que c'est bien là le sentiment de la djemââ, que c'est la résolution prise par elle et le meurtrier sera sorti intact de la redoutable épreuve de la comparution. Pour payer la dia, si l'homme n'est pas assez riche, le çof se cotisera, réunira l'argent nécessaire. Il a du reste des fonds de réserve entretenus pour de pareils cas. La façon d'agir sera la même quand un membre du çof aura commis n'importe que crime ou n'importe quel délit, puisqu'en définitive, toute pénalité se résout en pratique à la dia, ou à des amendes qui correspondent absolument à la dia.

On comprend l'utilité du çof pour tous ceux qui

en font partie. C'est une société d'assistance
mutuelle des plus efficaces, de premier ordre et
de première nécessité dans un état sans organisation publique suffisante.

La loi primordiale de toute mutualité, tous
pour un, un pour tous, y règne avec une étendue
et une force singulières. Quand un membre du
çof est atteint, n'importe comment, tous les autres
ressentent l'atteinte. Exemple : qu'un membre du
çof soit condamné à une amende, l'amende est
payée à frais communs ; qu'il ait un procès à soutenir, les autres se cotisent et fournissent aux frais
de la procédure, aux frais de la condamnation s'il
y en a une, aux frais de l'exécution. Et cela se passe
ainsi sous nos yeux, je pourrais dire à notre
barbe, devant la justice française. Qu'un membre du çof ait une injure à venger, qu'il soit conduit à acheter les services d'un vengeur de profession, d'un bravo, nous avons dit que cela
existe en Kabilie, le çof tout entier contribuera
pour soudoyer le bravo. Quant un membre du
çof comparait devant la justice criminelle ou cor-
rectionnelle, tout le çof en entier entre dans
l'œuvre de défense. D'abord ses membres servent
de témoins, à décharge, bien entendu ; on
arrange une histoire quelconque, on machine un
alibi, et nous savons avec quel art profond les
Kabiles combinent leurs mensonges et quelle
vraisemblance admirable ils arrivent à leur

donner. Pas un ne trahit, pas un ne faiblit. Il arrive souvent que la justice se trouve dans la situation que voici : un meurtre a eu lieu; on ne connaît pas le meurtrier, mais tous les membres du çof d'en haut arrivent comme témoins et donnent les détails les plus formels, les plus précis, les plus circonstanciés desquels il résulte, de façon irréfutable, que c'est Mohand, un membre du çof d'en bas qui est l'artisan du crime.

En revanche, tous les membres du çof d'en bas viennent témoigner avec la même vraisemblance, la même énergie, la même allure de vérité que le coupable n'est autre que El Mahdi, un membre du çof d'en haut.

Il y a beaucoup de chance pour que ce ne soit ni l'un ni l'autre. Les deux individus désignés sont simplement ceux dont a on réciproquement le plus d'envie de se défaire.

Très souvent aussi quand le membre d'un çof est sous le coup d'une poursuite motivée, le çof s'arrange pour détourner les soupçons et les faire retomber sur un pauvre hère, un homme sans consistance, sans appui, qui sera écrasé parce que personne ne s'intéresse à son destin, et qui finalement paiera pour le vrai coupable.

Les exemples de cette solidarité extraordinaire du çof peuvent être multipliés et variés à l'infini sans cesser d'être toujours vrais. Ceux que nous avons rapportés ont trait aux services que le çof rendait à ses membres, et qu'il leur rend toujours dans l'ordre privé; il continue même à les leur rendre sous le gouvernement français, on pourrait dire surtout sous celui-ci. Lorsque le pouvoir des djemââs florissait dans son entier, le çof avait en outre une influence énorme au point de vue politique.

La djemââ était avant tout une assemblée politique; elle avait tous les pouvoirs de direction; elle votait les traités, concluait et dénonçait les alliances, décrétait de la guerre et de la paix. C'était une assemblée orageuse, et qui souvent aboutissait à servir de champ clos.

Tous les membres de la tribu sont là, sur la place publique. Ils sont cinq cents, mille, plus de mille quelquefois; des précautions sont prises pour que l'assemblée observe une tenue convenable et se poursuive jusqu'au bout pacifiquement. Ainsi il faut que tous soient assis, qu'ils ne prennent pas la parole sans la demander au Président, qu'ils écoutent en silence, sous le contrôle de certains surveillants. Surtout il leur est défendu de venir en armes. Mais c'est une défense un peu platonique. Quand l'amîn s'aperçoit qu'il est venu trop d'hommes armés, le seul recours qu'il ait, c'est de lever la séance. D'ordinaire, tous ont des armes, mais ils les dissimulent; la courte massue s'attache sous l'aisselle, cachée par la chemise, la gandourah, si commode; les poignards et les pistolets sont faciles à porter sans qu'on les remarque. Et puis il y a cette arme traîtresse, particulière aux Kabiles, une bague en fer, dont le chaton se dissimule dans la paume de la main, et ce chaton est formé d'une griffe longue et acérée : en donnant un soufflet à main ouverte avec cette bague, on arrache l'œil ou la joue; au surplus, le sol rocailleux est couvert de pierres, les murs en pierre sèche qui séparent les champs sont à portée de la main; on aura tout prêts, à sa disposition, des projectiles redoutables.

Chaque homme est là dans son rang, dans son çof, conduit par le chef que celui-ci s'est choisi librement. Les çofs sont ennemis, les alliances conclues entre quelques-uns ont pour but de nuire aux autres. Chacun de ceux qui sont là ne pense qu'à son intérêt propre, qui s'identifie avec celui de ses membres. Ils le défendront à outrance, par tous les moyens, même par la force ouverte, et toujours par la menace de résister en armes à toute décision qu'ils n'approuveront pas et à ne se laisser réduire que par la guerre civile. Tous ont leur opinion faite d'avance sur les questions qui vont être soulevées ; ils les ont discutées et décidées dans la réunion particulière du çof; s'ils la modifient au cours de la délibération, c'est pure question de tactique; on dirait les parlementaires les plus raffinés de nos assemblées européennes.

Le président, l'amîn, donne la parole aux orateurs qui la demandent.

MM. Hannoteau et Letourneux, quand ils décrivent comment fonctionne la djemâa, font observer que jamais un jeune homme, jamais un personnage peu connu ne se permet de prendre la parole dans cette assemblée pourtant si démocratique.

Leur observation est exacte, mais ils ne donnent pas la véritable raison de ce fait; cette raison, c'est que les orateurs sont les délégués chacun de leur çof respectif; ils expriment l'opinion du çof tout entier, et celui-ci ne confie ses intérêts qu'à des mandataires absolument éprouvés, à des hommes connus, considérables, respectés. Aussi jamais un homme ignoré, jamais un indépendant n'ose-t-il élever la voix; on ne l'écouterait pas, quelle que fut son éloquence, ou l'excellence de l'avis qu'il soutiendrait. La discussion est ample et prolongée, car ce sont de beaux parleurs, et des discoureurs infatigables. Quand elle est épuisée, l'amîn connaît à fond les intentions, les volontés de chacun des çofs présents.

C'est ici que commence la partie la plus importante de son rôle. Ce qu'il faut bien noter en effet et bien mettre en relief, c'est que les citoyens réunis dans la djemâa ne votent pas. Il n'y existe aucun système de scrutin, tel qu'il y en a dans nos assemblées, tel qu'on en voyait à Rome ou à

Athènes; d'après Tacite, les Germains non plus dans leurs assemblées, ne connaissaient aucun mode de scrutin soit individuel, comme chez nous ou dans l'assemblée du peuple d'Athènes, soit collectif, comme à Rome dans les assemblées par curies ou par centuries; les Spartiates non plus d'après Plutarque. En sorte que, dans ces assemblées, on ne tient pas compte de l'opinion de la majorité; l'opinion adoptée pourra bien être, par rencontre celle de la majorité, mais ce n'est pas essentiel; il ne s'agit pas de se ranger à l'avis des plus nombreux, mais à celui des plus forts. Les plus forts, ce seront d'ordinaire les plus braves, les mieux armés, les mieux disciplinés et ceux qui auront le meilleur chef.

Pour maintenir la paix dans l'assemblée et dans la tribu, il faut que l'amîn fasse adopter par toute la djemââ, l'avis du çof le plus puissant. S'il n'y en a que deux en présence, et que l'un soit décidément plus fort que l'autre, les choses sont toutes simples; si les deux çofs sont sensiblement de force égale, le talent de l'amîn sera de découvrir un moyen de conciliation qui prévienne la lutte ouverte; mais ce qui est plus compliqué, c'est quand l'assemblée, comme le plus souvent, est composée de cinq, six ou dix çofs différents, tous jaloux, tous rivaux ou même ennemis acharnés les uns des autres. Les fonctions de l'amîn deviennent alors extraordinairement difficiles à remplir.

Il lui faut, au cours de la délibération, observer l'attitude de chaque çof, démêler leurs intentions véritables et souvent cachées, pénétrer surtout ce que pense le plus redoutable au point de vue de la lutte; puis apprécier si les autres sont disposés à se liguer contre celui-la, si les forces se balancent si l'une d'elles est prépondérante. Il faut qu'il pèse en quelque sorte les factions qui sont en présence. Puis, son estimation faite, il déclare que la djemââ s'est prononcée dans tel ou tel sens. S'il est habile, s'il sait conduire les débats et les arrêter au moment opportun, s'il trouve la formule qui peut satisfaire les uns sans irriter les autres, la délibération est acquise, l'assemblée se sépare paisiblement. Mais souvent, il arrive que la discussion s'envenime, que les colères s'allument, que l'amîn est impuissant à rétablir l'ordre et le calme dans les paroles et dans les esprits. On en vient aux invectives, aux menaces, et rapidement aux coups; les massues sortent de dessous les burnous, les poignards sortent du fourreau, les pierres volent en l'air comme la grêle lancées avec une vigueur et une adresse inconcevables et souvent mortelles. Un coup de feu éclate. Le çof le plus redoutable s'élance, balaie la place et demeure le maître avec ses alliés, s'il en a, seul, s'il dédaigne d'en avoir, et c'est lui qui dicte la résolution.

Ou bien, l'assemblée a été relativement calme,

mais la résolution formulée par l'amîn a blessé un çof important. Celui-ci déclare qu'il n'obéira pas; que s'il le faut, il en appellera aux armes.

Dans le second cas, comme dans le premier, c'est la guerre civile dans la tribu.

Alors, l'amîn, qui n'a pas réussi à rester le pacificateur de la djemââ, s'emploie à des négociations sans fin. Il demande l'avis et l'assistance des hommes sages, des esprits rassis, et souvent, à force de diplomatie, il parvient à rétablir la paix. Souvent aussi il y échoue. Les çofs alors se font la guerre avec l'absence complète de scrupules qui a toujours caractérisé les guerres civiles.

Un des procédés les plus odieux employés dans ces guerres c'est l'appel à l'étranger. Un çof ne manque pas d'en faire usage; il y est même préparé d'avance. En effet, presque jamais il ne limite son recrutement aux seuls membres de la tribu; presque toujours, parmi ses membres il compte un grand nombre d'individus appartenant à des tribus voisines; ceux-là naturellement, ne viennent pas prendre part aux délibérations de la Djemââ, mais quand ces délibérations sont suivies de la guerre civile dans la tribu, ils interviennent en armes et se battent avec tout le dévouement, et aussi avec toute la fureur qu'ils doivent mettre au service du çof dont ils font partie. Si la guerre civile a mal tourné pour lui, le çof vaincu s'exile d'ordinaire, il fuit, au moins temporairement, jamais sans esprit de retour, la tribu dans laquelle il n'a pas pu rester le plus fort. Il trouve asile chez ceux de ses membres qui font partie d'une tribu voisine. Il attend là des jours plus favorables, un apaisement ou bien un retour de fortune qui lui permette de rentrer dans sa patrie. Il y rentrera en masse, ou bien, il se désagrégera, et ceux qui le composent rentreront un par un, timidement; parfois, avec l'aide de ses alliés, il rentrera à force ouverte. Alors, ses ennemis prendront à leur tour le chemin de l'exil. Au temps de son indépendance, la Kabilie était pleine d'exilés comme ceux-là.

C'est un tableau qu'on a vu dans des cadres bien différents. Cela se passait ainsi dans les républiques grecques et dans les républiques italiennes du moyen âge.

Il est évident que, dans une assemblée constituée comme la Djemââ, il ne pouvaitt pas y avoir place pour le vote individuel. Ce qui comptait, c'était le çof, puissance collective : admettre le vote individuel, c'eut été anéantir, ou tout au moins diminuer énormément l'importance du çof. Et réciproquement, l'existence du çof et son action rendaient inutile et impossible à l'individu isolé d'exprimer sa volonté et son opinion, soit par la parole, soit par le vote. Ainsi, chez les Kabiles, l'individu n'a jamais compté pour rien, il ne comptait que comme membre d'une collectivité. Il lui était indispensable de faire partie d'une de ces collectivités. Cela se passe ainsi du reste dans tous les pays et chez tous les peuples même les plus avancés en liberté et en civilisation : les individus qui ne trouvent pas dans la loi protection suffisante pour assurer leurs droits ou leurs nécessités d'existence sont forcément amenés à entrer dans des associations au sein desquelles ils se trouvent plus ou moins annihilés, mais qui leur sont nécessaires. Heureux encore quand ils ont, comme les Kabiles, la facilité de passer d'une association à l'autre, et de quitter celle où ils cessent de se trouver bien, pour aller faire partie d'une autre, qui leur promet plus d'avantages.

A tout prendre, l'assemblée du peuple, en Kabilie, était encore mieux organisée que celle de beaucoup de peuples barbares. Voyez ce que nous dit Tacite de l'assemblée du peuple en Germanie : « Quand l'assemblée paraît assez nombreuse, ils prennent séance tout armés. Les prêtres, à qui est remis le pouvoir d'empêcher le désordre commandent le silence. Ensuite le roi, ou celui des chefs qui se distingue le plus par son âge ou sa noblesse, ou ses exploits ou son éloquence prend la parole et se fait écouter par l'ascendant et la persuasion plutôt que par l'autorité du commandement. Si l'avis déplait, on le repousse par des murmures, s'il est approuvé, on agite les framées; ce suffrage des armes est le signe le plus honorable de leur assentiment » (traduction de Burnouf).

On le voit dans ces assemblées de Germains, on ne connaissait non plus aucun procédé de scrutin. Les opinions s'y exprimaient tumultuairement. Aucun moyen de connaître exactement de quel côté se trouvait la majorité véritable. Tacite ne dit pas que ces assemblées se terminaient quelquefois par des rixes. Mais nous devons le supposer, et à juste titre, par ce que nous savons de l'histoire des Germains après qu'ils furent entrés en conquérants sur les terres de l'Empire romain. Tacite, qui n'a vu ces peuples que de l'extérieur, ne parle pas des guildes. Il est certain cependant que ces organisations existaient au temps où il écrivait son livre. Les Germains arrivaient au mâl, divisés, organisés en bandes, en guildes; c'étaient les chefs de ces bandes qui prenaient la parole. Là non plus, aucun jeune homme, aucun inconnu, aucun indépendant ne pouvait élever la voix, tout comme dans la djemââ kabile, et les ressemblances sont singulières entre le Mâl et la Djemââ.

En résumé, la Djemââ, était une sorte de congrès auquel se rendaient des bandes organisées, prêtes au combat; le président de l'assemblée, l'amîn, était un arbitre, un pacificateur; sa tâche consistait à éviter que ces bandes n'entrassent en lutte violente, et à obtenir que la volonté des plus forts fut acceptée pacifiquement par les autres.

On voit par cette exacte et courte description,

combien était importante et difficile la fonction d'un amîn de Djemââ. Le rôle d'un président d'une assemblée délibérante quelconque n'est rien du tout au prix de celui-là. Disons qu'il s'est toujours trouvé dans les tribus kabiles un nombre largement suffisant de personnages entièrement capables de remplir ces fonctions de la façon la plus accomplie; cela peut donner une haute idée des facultés politiques de la race kabile.

On voit aussi combien était énorme le rôle des çofs, et combien le Kabile devait s'attacher fortement au sien.

Mais, si de grands fauves, de ceux qui vivent en réunion, des loups ou des bœufs sauvages par exemple, avaient pu hausser leur intelligence jusqu'à concevoir l'institution d'une assemblée de leur peuple, ne semble-t-il pas que cette assemblée aurait dû avoir beaucoup de traits communs avec celles dont nous venons de parler?

Nous avons détruit ces républiques kabiles; les djemââs ne se réunissent plus; il n'y a plus de luttes oratoires, plus de rixes, plus d'exils; mais le çof subsiste toujours. Rien qui ait jamais tenu, qui tienne maintenant encore une aussi large place dans les préoccupations et dans l'amour du Kabile. Le proverbe dit : « Donne toujours raison à ton çof, même s'il a tort. » Et ce proverbe exprime simplement ce qui se passe en toute circonstance. Servir son çof, lui être utile, ne jamais lui manquer, ne jamais le trahir, c'est là que le Kabile place le plus grand devoir d'honneur et le plus grand devoir social qu'il reconnaisse.

C'est qu'à la vérité, le rôle politique des çofs n'existe plus, mais dans l'ordre privé, ce rôle est toujours aussi important qu'autrefois. Nous avons mis la paix jusqu'à un certain point dans le pays kabile; les tribus ne se font plus la guerre les unes aux autres. Mais les haines privées d'homme à homme, de famille à famille, sont toujours aussi vivaces et aussi mortelles qu'auparavant. Si l'administration et la justice françaises n'ont pas encore réussi à extirper la vendetta chez les Corses, il est facile de comprendre qu'elles ne l'ont point détruite en Kabilie. Les Corses, dit-on, ne satisfont les haines qui les divisent que par des moyens chevaleresques, en répandant le sang de leur ennemi au risque du leur. Les Kabiles mettent au service de leurs mortelles rancunes tous les moyens imaginables : intrigues, dénonciations, procès, et le meurtre pour couronner le tout. Les çofs sont aussi indispensables que jamais pour les assister et les protéger dans de si belles œuvres.

Si l'existence et l'action des çofs sont de nature à gêner souvent une administration régulière, comme la nôtre, elles offrent un avantage qui peut faire compensation à cette gêne. L'antagonisme des çofs procure un moyen facile de conquête et de gouvernement des Kabiles. Celui qui connaît bien exactement quels sont les çofs qui se partagent une tribu, parvient aisément à la dominer. Diviser pour régner, c'est un vieil adage. Ici, la division est toute faite, d'avance. Il n'y a qu'à en profiter. Favoriser alternativement tel ou tel çof, offrir à chacun d'eux tour à tour certaines faveurs, éviter de leur donner l'occasion et les moyens de se réunir et de concerter leur action, ce n'est pas une politique bien difficile. Aussi, ce peuple rétif est-il assez aisément contenu.

L'organisation intérieure du çof varie, naturellement, au gré de ses adhérents. Tous ont un chef librement choisi et qui est chargé de la direction. Son pouvoir est proportionné à ses talents et il ne conserve son influence qu'à l'aide de l'habileté dont il fait preuve, et grâce aux avantages que cette habileté procure aux membres adhérents. Dans l'action, le chef est toujours fidèlement suivi, mais à la condition qu'il n'agisse que conformément aux intérêts du çof tout entier et en général d'après le plan qui a été délibéré entre tous les membres. Ceux-ci entendent suivre leur chef, non pas dans son intérêt à lui, mais dans leur intérêt à eux ; leur chef n'est que l'administrateur de leurs intérêts ; ils ne se donnent pas à lui de toute leur personne. Et sans doute, comme il arrive dans toute espèce de société, l'administrateur, le gérant. est toujours celui qui profite le plus de la prospérité sociale ; on ne peut en trouver qu'à cette condition-là ; mais il ne peut pas en profiter uniquement pour lui.

Ce caractère que nous venons de signaler, établit une différence considérable entre le çof et la bande germanique telle que Tacite nous l'a décrite. Dans cette dernière, il semble que le chef ait tout concentré en sa personne et que ses compagnons aient fait en sa faveur, abnégation complète d'eux-mêmes. « Rapporter à sa gloire ce qu'on fait soi-même de beau, voilà le premier serment.. Les princes combattent pour la victoire, les compagnons pour le prince. » Peut-être le grand écrivain attribuait-il au leude germain pour son chef, les sentiments que le Romain lui-même éprouvait pour sa patrie. Certains épisodes très connus, celui du vase de Soissons, par exemple peuvent faire douter beaucoup que la description de Tacite soit rigoureusement exacte. Clovis, dans la circonstance, a eu identiquement l'attitude et les procédés qu'aurait un chef de çof kabile envers un autre membre du çof. Peut-être bien la bande de Francs à la tête de laquelle combattait alors Clovis n'était-elle qu'une guilde comme l'ont été plus tard les bandes de pirates scandinaves, et soit dit en passant, cela peut faire douter que le sentiment de dévouement féodal au baron ait eu pour origine les sentiments qui régnaient dans la bande germanique. Il est certain que ceux qu'éprouvent les Kabiles pour le çof ne tiennent en rien du sentiment féodal et aristocratique ; ils sont utilitaires et démocratique au suprême degré.

Dans l'intérieur même du çof, les rivalités, les intrigues les manœuvres de tout genre se donnent une ample carrière, et l'occupation principale de celui qui le dirige est ordinairement de le maintenir et d'empêcher qu'il ne se désagrège. On peut dire que le çof est en état constant de modification. A tout instant, certains de ses membres le quittent, sous un motif quelconque, d'autres se font affilier ; c'est un changement, un mouvement perpétuel. Et ce mouvement s'explique par l'intérêt individuel des membres du çof : c'est pour eux la condition grâce à laquelle ils conservent leur liberté; c'est aussi le moyen de faire sentir et apprécier leur importance. S'ils n'avaient pas le droit et l'habitude de changer de çof, ils seraient tôt ou tard annihilés dans celui dont ils feraient partie.

Et il faut bien remarquer ceci : le Kabile ne conserve ni reconnaissance, ni affection, ni souvenir quelconque pour le çof qu'il vient d'abandonner. Il était prêt à mourir pour sa cause, il est prêt maintenant à tuer, le cas échéant, ceux qui en font encore partie et dont la veille il était le camarade, l'ami à la vie, à la mort. Tout son dévouement, toutes ses affections, toutes ses énergies vont au service du çof nouveau auquel il s'est affilié en quittant l'ancien. Le dévouement du Kabile au çof est à la fois illimité et révocable. L'engagement qu'il contracte en y entrant est comme un engagement militaire qui serait résiliable du jour au lendemain au gré du soldat, et le Kabile ressemble à ces braves mercenaires d'autrefois qui combattaient loyalement et de toutes leurs forces au service de celui qui les avait soudoyés, mais qui étaient prêts à passer sous le drapeau de l'adversaire et à combattre pour ce dernier aussi loyalement et aussi courageusement que pour l'autre.

Cette disposition du caractère kabile nous donne la raison pour laquelle nous pouvons compter de façon à peu près absolue sur ceux d'entre eux qui servent dans notre armée, même quand il s'agit de faire la guerre contre leurs propres compatriotes. Au régiment, le Kabile se trouve comme dans un véritable çof. Il suivra sa compagnie, son bataillon, son régiment, avec tous les sentiments qu'il mettait dans sa tribu au service du çof dans lequel il était entré. Il tirera sans hésiter, sur ses compatriotes qui ne font pas partie du même çof que lui. Ces sentiments, cette disposition d'âme auront exactement la même durée que le temps de son service. Une fois qu'il aura quitté le drapeau, il se considèrera comme ayant quitté le çof, et alors il tirera sur ses camarades de la veille avec le calme le plus parfait, et avec la conscience absolue d'agir dans la plénitude de son droit. Il vivait avec eux, il partageait leur chambrée et leur gamelle, il a peut-être même de l'amitié pour certains d'entre eux, mais aucun des sentiments qu'il éprouve ne s'adresse en réalité aux individus, ou du moins, ceux qui vont aux individus sont étouffés par ceux qu'il éprouve pour l'ensemble dont ils font partie. La veille il les aimait, comme faisant en même temps que lui partie d'un çof; il en est devenu l'ennemi, il a le sentiment d'un devoir qui est de combattre à outrance tous ceux qui en font encore partie; c'est là le sentiment le plus fort, devant lequel disparaissent tous les autres.

En résumé, les sentiments sociaux des Kabiles se ramènent tous à un seul, celui de la solidarité, dans la famille, dans la tribu, dans le çof. Ils l'étendent à toutes choses et le portent très loin. Dans les premiers temps de la conquête et jusqu'à la disparition des bureaux arabes, je crois, quand un crime se commettait sur le territoire d'une tribu, l'administration française en rendait responsable la tribu tout entière. Nous avons aboli cette règle, et nous ne ne reconnaissons plus maintenant que des responsabilités individuelles, chez les indigènes, aussi bien que chez les Européens, et certainement nous avons eu raison de l'abolir. Mais elle ne choquait nullement les indigènes, arabes ou kabiles; elle s'accordait avec leurs mœurs, leurs préjugés, et même nous l'avons montré par des textes, elle s'accordait avec leurs lois. Ils sont toujours prêts à l'accepter; voici pour le prouver un petit fait que j'ai constaté par moi-même : dans une fabrique d'huile, aux environs de Bougie, on employait un certain nombre d'ouvriers kabiles; il fut constaté qu'un de ces ouvriers devait commettre des détournements de marchandises. Le contremaître français qui dirigeait la fabrique ne se donna pas la peine de rechercher quel était le véritable coupable; il décida que tous les ouvriers sans exception subiraient une retenue sur leurs salaires, jusqu'à ce que le patron eut été par ce moyen indemnisé du dommage qu'il avait subi. Tous les ouvriers Kabiles s'inclinèrent sans protester, devant cette décision; ils la trouvèrent absolument naturelle, et absolument équitable; ne composaient-ils pas un ensemble, un tout solidaire, un çof, en un mot, en présence de leur patron? Et ne devaient-ils pas être responsables envers lui, tous pour chacun, chacun pour tous?

Un résultat détestable de cet esprit de solidarité, c'est d'oblitérer absolument la notion exacte de la justice. « Donne toujours raison aux tiens, qu'ils aient tort ou raison », dit l'adage qui a cours en Kabilie. A force de leur donner raison, même quand ils ont tort, on se persuade qu'ils ne peuvent jamais avoir tort, et que pour agir selon les lois les plus saines de la justice, on doit leur donner toujours raison. Ainsi, favoriser toujours ses amis, à tout prix, en toute occasion, nuire toujours à ses ennemis, c'est la seule idée fondamentale que le Kabile possède de ce qui est juste ou injuste.

Je reçus un jour la visite d'un jeune homme d'environ dix-huit ans. C'était un Kabile de bonne famille, aisée et considérée. Il sortait du lycée d'Alger où il avait fait ses études. Il parlait si bien français que, sans son costume, je l'aurais pris pour un compatriote. Sa famille, influente de tout temps au sein de la tribu dont elle faisait partie, s'était ralliée des premières à la domination française et avait fourni à notre administration des auxiliaires utiles. Il venait me demander d'intercéder en faveur de son frère aîné. Celui-ci, à la suite d'une affaire de vengeance, était accusé d'assassinat, et en état de prison préventive. Le jeune homme ne discutait pas le moins du monde les charges très graves qui pesaient sur son frère. Il ne pensait même pas à invoquer l'innocence de celui-ci. Il se bornait à dire et à répéter : « Comment ! nous qui avons toujours été les amis de la France, on nous poursuit devant la justice française, C'est impossible. Cela ne doit pas être. » « Cependant lui faisais-je observer, la loi est égale pour tous, amis ou ennemis, et si votre frère est coupable, il doit être puni tout comme un autre. » « Non, répondait-il sans cesse. Nous sommes les amis de la France, la justice française ne peut pas sévir contre nous ! nous ne devons pas être traités comme les autres ! »

Il fut impossible de le faire sortir de là. Au lycée d'Alger, il avait fort bien appris le français et beaucoup d'autres belles choses sans doute ; il n'avait pas pu apprendre à modifier la conception primitive de justice que son cerveau de jeune barbare avait reçu d'une hérédité séculaire.

Ce sentiment de solidarité, de responsabilité collective, cet effacement de l'individu sont de règle dans toute société restée à l'état de civilisation inférieure. C'est lutter contre la barbarie que de donner à l'individu la connaissance de ses droits et en même temps de lui fournir les moyens de les défendre en se tenant debout, seul, sans être obligé de faire partie d'une agrégation particulière, avec l'assistance de la loi, en face de la société tout entière respectueuse et protectrice en même temps. C'est à cette dernière conception que sont parvenus les peuples européens dans les temps modernes ; cette philosophie n'a pas trouvé d'obstacle dans la religion chrétienne ; cette religion en établissant que l'âme est immortelle et responsable, aboutit nécessairement à reconnaître que l'individu possède des droits imprescriptibles et absolus. Le mahométisme reconnaît aussi l'immortalité de l'âme et sa responsabilité devant la justice éternelle. Et cependant, chez tous les peuples qu'il gouverne, les droits de l'individu ont été réduits à néant.

Le plus souvent, ces pays sont soumis à un despotisme complet, qui écrase tout et tous. Parfois, comme en Kabilie, on trouve des républiques libres, mais quand on regarde de près comment elles sont administrées, on voit que l'individu isolé n'y a pas de garanties véritables d'existence. Tout en reconnaissant la personnalité humaine et sa responsabilité, ses droits par conséquent, Mahomet a consacré des usages qui impliquent le sacrifice de cette personnalité et de ses droits. Né, élevé, au milieu de barbares dont les mœurs sous bien des rapports, ne valaient même pas celles des Kabiles d'à présent, il a fait ses lois pour eux en s'inspirant de leur esprit, en n'ayant d'autre but que de répondre à leurs besoins; il ne s'est pas élevé au dessus de leur niveau, il n'a pas prévu qu'un jour les fidèles de sa religion auraient besoin de dépasser ce niveau et ses lois les y maintiennent.

La Femme Kabile

L'état de la femme kabile, sa situation dans la famille et dans la société, l'étendue des droits qu'elle y possède forment un sujet sur lequel il a été répandu de nombreuses erreurs. Il a fourni à beaucoup d'écrivians la matière de paradoxes brillants. L'opinion qu'ils ont fait admettre, et qui, par malheur, persiste en général, c'est que la femm e kabile jouit d'une situation bien supérieure à celle des autres femmes de religion musulmane. On reste d'accord qu'elle a beaucoup plus de liberté que celles-là ; qu'elle est entourée de plus de respect ; qu'elle a plus de droits et qu'ils sont mieux garantis. Et les écrivains auxquels nous faisons allusion ont fini par accréditer comme des vérités incontestables un certain nombre d'allégations, telles que celles-ci par exemple : les Kabiles sont monogames, ils ne pratiquent pas la polygamie comme les autres musulmans ; les kabiles ne séquestrent pas leurs femmes, ils leur laissent la liberté d'aller et de venir hors de chez elles, comme la possèdent les femmes d'Europe ; la femme kabile en vertu des droits que la loi et l'usage lui confèrent possède un état dont la dignité se rapproche de celui de la femme européenne.

Tout cela est diamétralement le contraire de la vérité.

Les Kabiles sont polygames; ils séquestrent leurs femmes comme tous les autres Orientaux; la femme kabile de par les lois et les mœurs se trouve dans une situation de tous points inférieure à celle de n'importe quelle femme musulmane; il n'y a que les négresses des tribus sauvages du centre de l'Afrique qui soient ravalées à un état aussi bas que le sien.

*
* *

Le plus grand nombre des voyageurs de passage qui ont écrit leurs impressions sur le pays kabile ont noté que dans ce pays-là les femmes vieillissent extraordinairement vite, et qu'il n'y existait pas de transition pour elles entre l'extrême jeunesse et la décrépitude complète. Ils ont ainsi noté très exactement ce qu'ils ont vu, car il est incontestable que celui qui ne fait que traverser le pays kabile ne voit, en fait d'êtres féminins, que de petites filles impubères, ou des vieilles ayant perdu tout espèce de sexe. Mais il ne voit pas les autres, car il y en a d'autres; seulement ces autres-là restent cachées.

Les Kabiles, en effet, de même que tous les peuples de religion musulmane, ont toujours et de tout temps séquestré leurs femmes. C'est affaire de religion, « O femmes du prophète, dit le Coran, restez tranquilles dans vos maisons » (chap. 33, versets 32 et 33); et pour être bien certains que leurs femmes observent ce précepte, les maris les mettent sous clef, en Kabilie, comme ailleurs. Toutes celles qui sont en âge d'être mariées sont invisibles pour l'étranger. D'ordinaire, elles restent enfermées dans les maisons. Nous avons eu occasion de dire que les frères et même les cousins germains s'arrangent le plus souvent pour habiter ensemble les différents corps d'un même logis; il y en a toujours un qui garde la maisonnée et les femmes qui s'y trouvent pendant que les autres vaquent au dehors à leurs affaires. Quand il faut travailler aux champs, les femmes sortent, ordinairement en troupe, sous la conduite et la surveillance d'un des parents du sexe mâle qui a soin de les préserver de toutes mauvaises rencontres; il veille à ce qu'elles se dérobent aux regards défendus. Quand elles sortent seules, ce n'est guère que pour des absences de courte durée, par exemple, pour aller puiser de l'eau à la fontaine, ou pour exécuter dans le village une commission urgente. Et comme un village kabile est le plus souvent habité par des gens qui sont assez proches parents les uns des autres, les femmes peuvent y sortir à visage découvert sans risquer de violer les ordres de la loi en se laissant voir par des hommes à qui ce droit n'appartient pas. « Vos femmes peuvent se découvrir devant leurs pères, leurs enfants, leurs neveux, et leurs femmes, et devant leurs esclaves » (chap. 23, verset 55). « Commande aux femmes de couvrir leur sein d'un voile, de ne faire voir leurs ornements qu'à leurs maris, ou à leurs pères, ou aux pères de leurs maris, à leurs fils, ou aux fils de leurs maris, à leurs frères, ou aux fils de leurs frères, aux fils de leurs sœurs, ou aux femmes de ceux-ci, ou à leurs esclaves, ou aux domestiques mâles qui n'ont pas besoin de femmes (ennuques) ou aux enfants qui ne distinguent pas encore les parties sexuelles d'une femme » (chap. 34, verset 31). Il ne s'agit ici que des ornements, mais on peut interpréter un peu largement ce texte, et du reste il y a des ornements, les boucles d'oreilles, les pendentifs frontaux, les anneaux du nez, par exemple, qu'il est impossible de laisser voir sans montrer en même temps le visage. En sorte que toutes les personnes énumérées en ce verset et qui constituent les ramifications d'une nombreuse famille, peuvent en somme voir la femme à visage découvert et comme les Kabiles se traitent de frères, même entre cousins, ils ne peuvent pas interdire la vue de leurs femmes à leurs cousins.

Mais la liberté de laisser voir leurs visages qui est laissée aux femmes kabiles s'arrête là. Les hommes d'un village voisin, d'une tribu voisine, ne pourraient pas tenter de voir à découvert le visage d'une femme qui ne serait pas leur parente rapprochée. Ils s'exposeraient aux plus graves dangers, et même à se faire tuer; à plus forte raison, en est-il ainsi de l'Européen, et celui-ci doit toujours apporter la plus grande prudence dans ses actions quand il s'agit des femmes du pays. Il y a là pour le Kabile un point d'honneur sur lequel il ne transige pas.

Cependant il y a un moyen de pénétrer dans l'intérieur d'une famille kabile avec une facilité relative. Présentez-vous dans un village avec une femme européenne, soyez avec votre femme ou votre sœur si vous voulez. Les femmes enfermées, dans les maisons connaîtront immédiatement votre présence, et elles éprouveront un désir immodéré de voir de tout près la chrétienne. Ce désir se manifestera avec tant de force et d'insistance que l'homme chargé ce jour-là de la garde des femmes consentira à le contenter ; il sera même assez satisfait d'offrir à leur curiosité la vue du couple étranger. Vous serez introduit en même temps que la femme que vous accompagnez ; on ne songera pas à la soustraire à votre garde. Vous serez parfaitement bien reçus; les hommes mettront dans leur accueil leur politesse grave et cérémonieuse, les femmes très polies également, auront plus de laisser-aller. Elles sont d'une curiosité insatiable; tous les détails de la personne et de la toilette d'une femme d'Europe les intéressent à un degré inimaginable; si elles ne se retenaient pas, elles déshabilleraient la dame de la tête aux pieds pour voir comment elle s'habille et comment elle est faite. Surtout, elles sont très intriguées par la blancheur de sa peau; elles sont toutes persuadées que cette coloration est due à des secrets de coquetterie qu'elles voudraient bien connaître; elles seraient curieuses de constater si tout le corps de la dame d'Europe est blanc comme sa figure et comme ses mains; mais leur politesse réfrène leurs curiosités les plus vives, et elles ne deviennent pas indiscrètes ou gênantes. Il va sans dire que le visiteur européen doit être, lui aussi, de la plus grande politesse. Conservez dans la masure du dernier paysan kabile les manières que vous auriez dans un salon raffiné de Paris, ajoutez-y une nuance de hauteur et vous vous en trouverez fort bien. Les familiarités, la bonhomie ne peuvent être de mise que quand la connaissance est depuis longtemps faite et parfaite.

Quand vous aurez pénétré dans l'intérieur de plusieurs maisons kabiles, vous aurez constaté que les femmes de ce peuple ne vieillissent pas plus vite que celles des autres peuples. Sans doute, ce sont généralement des paysannes, et comme toutes les paysannes du monde, elles subissent les flétrissures du travail dur dans les champs, des intempéries, des maternités fréquentes. Mais la nature ne les maltraite pas plus que les paysannes des autres pays. Il y a de ces femmes dont les familles sont suffisamment aisées pour ne pas exiger d'elles un travail épuisant. Celles-là ont tout à fait l'aspect de nos petites bourgeoises; quand elles ont vingt ans, vingt-cinq ans, trente ans elles portent leur âge, ni plus, ni moins, elles en ont tous les agréments. Mais encore une fois, ces femmes-là, on ne les voit pas hors de chez elles.

Quand elles arrivent aux abords de la cinquantaine, alors elles vieillissent effroyablement. Il n'y a rien de plus triste que l'aspect d'une vieillarde kabile, si ce n'est la situation à laquelle elle est réduite. Cependant, j'en ai vu quelques-unes que leurs maris bienveillants continuaient à traiter de façon convenable bien qu'elles eussent perdu tous leurs charmes féminins; elles avaient encore une existence tolérable à leur foyer domestique. Mais ce sont des exceptions. Servante toute sa vie, la femme kabile dans sa vieillesse tombe au niveau de la bête de somme.

Sur le très grand nombre, j'en ai vu certes quelques-unes qui étaient jolies, avec des traits réguliers et fins, des physionomies agréables et expressives, mais c'était l'exception. En général, les traits du visage sont gros, lourds, empâtés, la face est bouffie ; beaucoup ont des pommettes larges et saillantes qui leur font une figure carrée rappelant celle des tartares ; ce qui leur manque surtout, c'est l'air de convenance, ce que nous appelons la distinction. Plus souvent encore que les hommes, elles sont défigurées par l'état de leurs yeux ; un grand nombre d'entre elles louchent, ou bien ont les paupières vilainement rouges ; ou bien un œil couvert d'une taie apparente qui les éborgne. Toutes ces déformations ont pour origine les granulations dans les paupières, maladie, ou plutôt incommodité uniquement due à la malpropreté, au manque d'hygiène et qui est certainement contagieuse. Le plus grand nombre des enfants indigènes en est atteint. Les garçons, mieux soignés, mieux surveillés par les parents que les filles se ressentent moins que celles-ci des suites de la contagion.

Jamais je n'ai vu de femme kabile atteinte d'obésité. Les hommes sont minces, les femmes encore plus. C'est tout naturel : elles mangent encore moins que les hommes et elles travaillent autant qu'eux, si ce n'est davantage. Elles ne sont donc point exposées à souffrir d'un excès d'embompoint.

Leur enfance est négligée. Elles poussent comme elles peuvent, mal vêtues, mal nourries, mal couchées, souvent battues, obligées en toutes choses, à se contenter du rebut de leurs parents et de leurs frères; toutes les petites filles qu'on rencontre sont maigres comme de petites sauterelles. L'âge de la formation arrive pour elles exactement à la même période de leur existence que pour les européennes; malgré le préjugé courant, elles n'ont aucun avantage sur celles-ci au point de vue de la précocité. A cet âge, elles se développent brusquement et souvent alors elles acquièrent des formes assez heureuses; cette beauté leur dure peu; mal nourries, épuisées par tout ce qu'on exige d'elles, elles ont ordinairement les chairs molles quand elles en ont. Elles sont pourtant bien découplées, la taille fine, les hanches saillantes, les reins cambrés, les jambes droites et fermes; mais elles n'ont pour ainsi dire que du squelette. Les peintres ou les sculpteurs qui recherchent des modèles pour les sujets voluptueux n'en trouveraient pas en Kabilie beaucoup à leur convenance.

Il est évident, et nous avons déjà fait plus d'une fois cette réflexion, qu'il n'y a pas là une infériorité de la race; ce manque de beauté plastique provient uniquement de l'abus du travail, de l'excès de la fatigue, de la mauvaise nourriture. Il se trouve en Kabilie, comme dans tous les pays du monde, un assez grand nombre de courtisanes; celles-là échappent plus ou moins à la servitude du travail manuel qui accable les autres femmes de ce pays; aussi leur sont-elles infiniment supérieures au point de vue des agréments physiques.

Je n'ai pas vu une seule femme kabile qui fut blonde ou châtain. Mais cela ne signifie rien. Toutes sans exception se teignent les cheveux. Aussitôt qu'ils poussent à une petite fille, on les lui colore avec du henné, ce qui leur donne la nuance rouge bien connue ; cette habitude est due, je crois, à certains préjugés relatifs à la santé des enfants. Aussitôt que la petite fille devient jeune fille et femme, ce qui a lieu en même temps d'ordinaire, elle se teint elle-même la chevelure et les sourcils en noir. Cette habitude tient à des idées religieuses. Il faut ressembler à la fille du prophète, qui était brune comme il est naturel à une fille d'Arabie. On m'a affirmé que les femmes kabiles savaient même colorer en noir l'iris de leurs yeux. Je n'ai pas vérifié cette allégation qui me paraît peu vraisemblable, mais jamais je n'en ai vu une seule qui eut les yeux bleus, tandis que j'ai vu un assez grand nombre d'hommes qui les avaient de cette couleur, ou d'une nuance qui en approchait.

Pour la tenue et la toilette, elles sont au même niveau que les hommes, c'est-à-dire qu'elles sont sales, déguenillées, mal odorantes, et que leur premier aspect ne présente en général rien d'attrayant. Leur vêtement essentiel est d'une extrême simplicité : c'est un lé d'étoffe pris dans toute sa largeur, long à peu près deux fois comme la femme est grande ; juste au milieu de cette longueur, on pratique un trou pour passer la tête, l'étoffe se rabat par devant et par derrière; elle est fortement serrée, à la taille par une ceinture longue et mince qui en fait plusieurs fois le tour; cette ceinture ainsi disposée accentue la saillie des hanches et la cambrure de la taille. Comme toutes les femmes de l'Afrique sans exception, noires, bronzées ou blanches, les femmes kabiles marchent en appuyant fortement sur le pied de façon à faire valoir le plus possible les rondeurs de la croupe. Cette démarche est affectée et non point naturelle; elle s'acquiert et se maintient par l'habitude; on comprend que, à chaque pas, le vêtement que nous venons de décrire s'ouvre, et laisse voir par le côté toute la jambe; au dessus de la ceinture, il baille le plus souvent de façon assez large pour laisser voir le reste du corps; personne ne paraît s'en soucier. C'est le vêtement des jeunes filles lacédémoniennes qui alarmait justement la pudeur du bon Plutarque; mais chez les Kabiles, les femmes mariées le portent aussi. Vêtues de cette façon sommaire, les femmes kabiles circulent dans les rues du village, vont à la fontaine, travaillent aux champs, etc., etc. J'en ai vu d'ainsi accoutrées qui étaient grimpées sur des frênes dont elles coupaient les jeunes tiges pour servir au bétail de fourrage d'été. Celles-là ne laissaient rien ignorer d'elles-mêmes à personne.

Ce costume est celui d'intérieur ou de travail,

et le plus habituel par conséquent. Dans les grandes circonstances, fêtes, mariages, pélerinages, les femmes kabiles à moins d'extrême pauvreté, portent le costume ordinaire et bien connu des femmes arabes. Il n'y a pas lieu de le décrire. Elles sont aussi quelquefois ornées de bracelets aux poignets et aux chevilles, de bagues, de colliers, de boucles d'oreilles; ces bijoux sont d'ordinaire en argent à bas titre, mais celles qui les portent n'en sont pas les propriétaires. Elles en ont tout au plus l'usage momentané. Cela s'expliquera quand nous en serons à l'état social de la femme kabile et à ses droits au point de vue de la loi.

Ce qui nuit le plus à leur aspect, pour des yeux européens, ce sont les tatouages dont elles ont toutes sans exception la figure plus ou moins chargée. Ces tatouages assez simples de dessin, varient selon les tribus; c'est une sorte de marque d'origine. Mais ils se trouvent toujours dans un endroit très apparent, sur le front, le menton, les pommettes des joues; ces petits dessins bleus donnent un aspect bizarre, et ces physionomies féminines lui doivent un je ne sais quoi d'incivilisé, de barbare, presque de bestial auquel il est difficile de s'habituer. Je crois que les femmes kabiles subissent le tatouage, mais que laissées libres de leur choix, elles ne l'accepteraient pas. J'en ai vu plusieurs qui, par suite d'aventures inexplicables, étaient parvenues à s'échapper de leurs familles et de leurs tribus et à venir vivre librement dans une ville. Parlant bien français, vêtues de robes, coiffées de chapeaux, elles auraient pu passer pour des Européennes sans ce malencontreux tatouage qu'elles s'efforçaient de faire disparaître par toutes sortes de moyens bien peu efficaces à leur gré.

Telles qu'elles sont, elles savent exciter des passions furieuses chez les hommes de leur race. Elles sont d'ailleurs adroites, souples, intelligentes à plaire, dépourvues de toute espèce de scrupules, de tout sentiment de moralité et prêtes à tout sans exception, quand il s'agit pour elles d'attirer un homme qu'elles désirent ou dont elles ont besoin. Il faut dire aussi que les Kabiles de sexe mâle ne sont pas très difficiles en fait de charmes féminins. J'ai eu occasion de voir de mes yeux un assez grand nombre de femmes renommées dans les villages de la montagne pour leurs attraits de toute nature. C'étaient d'infâmes souillons, vêtues d'oripeaux crasseux et nauséabonds ; elles blessaient à la fois la vue et l'odorat. Cependant elles allumaient autour d'elles les désirs de tous les hommes ; des combats acharnés, s'étaient livrés pour leur possession et chacune d'elles avait été l'occasion de plusieurs rixes, quelquefois de plusieurs meurtres.

Il est certain qu'elles plaisent par l'excès de leur bestialité. Inutile d'insister sur ce sujet. Jamais il ne m'a paru qu'aucun élément psychologique entrât pour une part quelconque dans les passions d'amour que j'ai vu se dérouler chez les Kabiles. C'était de l'érotisme et non de l'amour. Je parle pour les individus du sexe mâle. Ceux-là ont évidemment d'ardentes passions qui se continuent pendant un temps appréciable. Ils sont capables de s'attacher à une femme, au moins pour un certain temps, le temps que cette passion soit assouvie. J'en ai même vu qui gardaient le souvenir des bons jours passés et qui continuaient à traiter honorablement et avec égard la femme objet de leur amour d'autrefois, bien qu'elle fut devenue vieille et qu'elle eut perdu ses charmes essentiels. Mais pour les femmes, j'en reste à me demander si elles sont capables d'éprouver pour un homme quoique ce soit qui ressemble de près ou de loin à de l'attachement. A ce point de vue leur égoïsme est inconcevable. Coquettes, cupides, sensuelles, d'un dévergondage inimaginable et qui surpasse encore celui des hommes, elles appartiennent tout entières au moment présent. Je ne sais pas si elles se soucient beaucoup de l'homme auquel elles se livrent, mais elles oublient instantanément celui auquel elles viennent de se livrer; celles qui sont capables d'un attachement ou d'un souvenir doivent constituer une infime exception.

Cette absence complète de cœur ne peut pas étonner de leur part quand on connaît la façon dont elles sont traitées. Il faut absolument qu'elles plaisent et qu'elles charment l'homme du moment, pour échapper au moins pendant quelques heures à la servitude avilie dans laquelle elles sont tenues par les lois et par l'opinion.

C'est à ce sujet-là qu'il a couru le plus d'erreurs.

Les Kabiles n'ont généralement qu'une seule femme en même temps. On en a conclu qu'ils étaient monogames. On voit dans les villages circuler les fillettes et les vieilles femmes à visage découvert; on en a conclu qu'ils ne séquestraient pas leurs femmes. On a vu en Kabilie les hommes travailler dans les champs, ce que ne font guère les Arabes : on en a conclu que les Kabiles n'obligeaient pas leurs femmes au travail. Si bien qu'un écrivain qui fait autorité en matière coloniale a écrit quelque part que la femme kabile possédait un état se rapprochant par sa dignité de celui de la femme européenne. Rien de tout cela n'est vrai. En tout et pour tout, la femme kabile est dans une situation bien inférieure à celle de la femme arabe elle-même.

En effet, les Arabes observent le Coran, même en ce qui concerne les droits que le livre sacré confère au sexe féminin. Sur ce point-là, les Kabiles ne l'observent pas.

Le Coran garantit aux femmes musulmanes des droits bien déterminés et assez étendus. Il contient en général fort peu de dispositions législatives nettes et précises. Celles qui concernent les femmes y sont, par exception, d'un développement et d'une clarté qui laissent fort peu à désirer.

D'après ces dispositions, les femmes ont le droit d'être propriétaires; elles ont le droit d'hériter de leurs ascendants et de leurs proches parents sans distinction de sexe, de leurs enfants et même de leurs maris. En tout et pour tout, leur droit de propriété sur ce qu'elles ont acquis par héritage ou autrement est complet, absolu; il comporte le droit d'user et d'abuser de la chose possédée, comme dans le droit romain et dans le nôtre. Elles peuvent disposer par donation ou par testament. En cas de divorce, des mesures de protection leur sont données pour leurs personnes, pour leurs biens, pour leurs enfants.

Dans le mariage, leurs droits et leurs devoirs sont définis : le mari n'a pas sur elles une autorité absolue et abusive. En un mot, la femme musulmane jouit d'une capacité juridique, moins grande que celle de la femme européenne, mais qui lui offre néanmoins de sérieuses garanties.

Voici quelques-uns de ces textes du Coran :

« Les hommes doivent avoir une portion des biens laissés par leurs pères et mères et leurs proches; les femmes doivent aussi avoir une portion de ce que laissent leur père et mère et leurs proches. Que l'héritage soit considérable ou de peu de valeur, une portion déterminée leur est dûe » (chap. 4, verset 8).

« Dieu vous commande dans le partage de vos biens entre vos enfants de donner au garçon la portion de deux filles; s'il n'y a que des filles et qu'elles soient plus de deux, elles auront les deux tiers de ce que laisse le père; s'il n'y en a qu'une seule, elle recevra la moitié. Les père et mère auront chacun le sixième de ce que laisse leur fils, s'il a laissé un enfant; s'il n'en laisse aucun et que ses ascendants lui succèdent, la mère aura un tiers; s'il laisse des frères, la mère aura un sixième » (chap. 4, verset 12).

« A vous hommes la moitié de ce que laissent vos épouses si elles n'ont pas d'enfants, et si elles en laissent vous aurez le quart après les legs qu'elles auront faits » (chap. 4, verset 13).

« Elles auront le quart de ce que vous laissez, si vous n'avez pas d'enfants, et si vous en avez, le huitième » (chap. 4, verset 14).

« Si un homme hérite d'un parent éloigné ou d'une parente éloignée et qu'il ait un père ou une sœur, il doit à chacun des deux un sixième de la succession » (chap. 4, verset 5).

« Si un homme meurt sans enfants et s'il a une sœur, celle-ci aura la moitié de ce qu'il laissera; s'il y a deux sœurs, elles auront deux tiers de ce que l'homme aura laissé; s'il laisse des frères et des sœurs, l'homme aura la portion de deux femmes » (chap. 5, verset 175).

« Soyez bons dans vos procédés à l'égard de vos femmes » (chap. 4, verset 23).

« O prophète, ne répudiez vos femmes qu'au terme marqué (quand elles auront eu trois fois leurs règles, pour s'assurer si elles ne sont point enceintes); comptez les jours exactement; avant ce temps, vous ne pouvez ni les chasser de vos maisons, ni les en laisser sortir».

« Lorsqu'elles auront atteint le moment prescrit, vous pourrez les retenir avec bienveillance, ou vous en séparer avec bienveillance. »

« Logez les femmes que vous aurez répudiées là où vous vous logez vous-mêmes, ne leur causez pas de peine en les mettant trop à l'étroit. Ayez soin de celles qui sont enceintes; si elles allaitent vos enfants, donnez-leur une récompense » (chap. 55, versets 1, 2, 6.)

« Si vous gardez votre femme, traitez-la honnêtement; si vous la renvoyez, renvoyez-là avec générosité. Il ne vous est pas permis de vous approprier ce que vous leur avez donné (chap. 2, verset 229) (Cela comprend la dot payée pour la femme). Les mères répudiées allaiteront leurs enfants deux ans complets si le père veut que le temps soit complet. Le père de l'enfant est tenu de pourvoir à la nourriture et aux vêtements de la femme de manière honnête. L'héritier du père est

tenu aux mêmes devoirs (chap. 2, verset 223).
Un entretien honnête est dû à la femme répudiée
(chap. 2, verset 242).

« Si vous répudiez une femme avant de l'avoir
touchée mais après versement de la dot, elle en
gardera la moitié. Si vous n'avez pas fixé la dot,
donnez-lui le nécessaire d'une manière honnête »
(chap. 2, versets 238 et 237). « Donnez à celle que
vous aurez touchée la dot promise, cela est obli-
gatoire » (chap. 4, verset 28).

« Ceux d'entre vous qui mourront laissant après
eux des femmes, assigneront à celles-ci un legs
destiné a leur entretien pendant une année et sans
qu'elles soient obligées de quitter la maison,
(chap. 2, verset 241).

« Si vous craignez une scission entre les deux
époux; appelez un arbitre de la famille du mari
et un autre choisi dans celle de la femme »
(chap. 4, verset 35).

Tout cela est net, précis et d'une clarté qu'on
peut dire exceptionnelle dans le Coran. La femme
musulmane jouit donc du droit de propriété; elle
hérite *ab intestat* ou par testament, elle a le droit
de transmettre ses biens, elle a le droit de tester;
en cas de divorce, en cas de veuvage, des mesures de protection spéciale lui sont assurés. Enfin
il est enjoint au mari d'être bon et généreux pour
elle, de la traiter en galant homme. Cependant, il
lui est supérieur; elle est vis-à-vis de lui un peu

comme un enfant auprès de son père, *loco filiæ*, disait le droit romain. Mahomet a eu certainement des teintures de ce droit au cours des voyages qu'il a faits dans les pays de l'empire romain d'Orient, et il s'en est inspiré, pour cette partie de sa législation. Sans doute, elle lui tenait particulièrement au cœur, car il adorait les femmes et il avait beaucoup de faiblesse pour elles. Mais il les adorait en Oriental qu'il était ; il ne leur a jamais concédé qu'elles fussent les égales de l'homme, soit en droit, soit en fait : « Les hommes sont supérieurs aux femmes à cause des qualités par lesquelles Dieu a élevé ceux-ci au-dessus de celles-ci, et parce que les hommes emploient leurs biens à doter les femmes. Vous réprimanderez celles dont vous aurez à craindre la désobéissance, vous les reléguerez dans des lits à part, vous les battrez, mais dès qu'elles vous obéissent, ne leur cherchez point querelle «(chap. 4, verset 38) ». Les maris ont le pas sur leur femmes » (chap. 2, verset 228). Tout cela est encore assez brutal.

Mais malgré ce reste de brutalité, Mahomet a protégé les êtres faibles, les femmes et les enfants, surtout les petites filles, comme cela n'avait jamais eu lieu avant lui chez les Arabes. Il était évidemment sensible et généreux ; c'est le beau côté de son caractère. Les prescriptions en ce qui concerne le droit des femmes sont formelles.

Or ces dispositions favorables aux femmes et qui résultent des textes que nous avons cités plus haut, les Kabiles, par des délibérations expresses de leurs djemâas ont formellement décidé qu'ils ne les observeraient pas. Ils les ont rejetés comme ne répondant en rien à leurs intérêts, à leurs coutumes séculaires, à leurs habitudes invétérées.

En effet, pendant une longue période historique, ils s'étaient, en apparence au moins, conformés aux lois du prophète; mais en réalité, ils avaient tourné ces lois, et souvent pris les dispositions nécessaires pour les rendre inefficaces. Ainsi ils obligeaient invariablement la femme à renoncer à toute succession; à abandonner tout droit de propriété, et de cette façon, ils arrivaient à concilier hypocritement la loi et leurs mœurs.

Puis, ils se sont lassés de cette hypocrisie, dont les conséquences devaient au surplus être fort gênantes. Chose singulière, on ne connaît aucune des dates de leur histoire. Par exception, on sait que c'est en 1748 que les principales tribus de la Grande Kabilie, réunies en une sorte de congrès, décidèrent qu'à l'avenir on en reviendrait purement et simplement chez elles aux vieilles mœurs et aux vieilles lois. Toutes les autres tribus suivirent le mouvement, et en peu d'années, ce fut chose faite chez toutes. En souvenir de ce grand acte, les tribus dressèrent de hautes pierres brutes, de celles que nos celtisants nomment des pierres levées, des menhirs, ce qui n'est pas une coutume particulière aux Celtes ; tous les Barbares l'ont eue et l'ont encore. Sans doute, certaines de ces pierres levées doivent exister toujours dans les tribus.

A partir de ce moment, la femme kabile retomba en droit dans son abjection primitive, dont elle n'a jamais été relevée. Ni en fait, ni en droit, elle ne compta plus pour rien au point de vue social, et selon l'expression énergique et juste de MM. Hannoteau et Letourneux, elle fut réduite comme aux temps les plus sauvages à l'état d'une chose humaine.

La femme kabile, sauf une petite exception, que nous indiquerons plus loin, n'a le droit d'hériter de personne ; non seulement elle n'est pas héritière de son mari ou de ses collatéraux, comme la femme musulmane en général, mais elle n'hérite même pas de son père ; elle n'hérite pas de sa mère, et cela se conçoit, puisque sa mère n'avait rien à elle ; car la femme kabile, toujours sauf la même exception, ne jouit pas du droit de propriété ; elle ne peut être propriétaire de rien du tout. Non seulement elle ne peut pas être propriétaire d'immeubles, ou de sommes d'argent, ou de bétail, ou des meubles les plus simples, elle n'a même pas la propriété de ses habits de luxe ni de ses bijoux. L'homme sous l'autorité duquel elle se trouve a toujours le droit de les lui reprendre. Elle n'en a qu'un usage temporaire. On lui laisse, par tolérance, la propriété de ses vêtements les plus indispensables.

Le fruit de son travail ne lui appartient pas, aussi longtemps qu'elle est en âge d'être mariée. Elle ne peut jamais disposer de sa personne ; elle n'a même aucun droit au produit de sa prostitution, à laquelle elle est si souvent livrée.

En revanche, toute sa vie, ou plus exactement depuis sa naissance jusqu'au moment où elle cesse physiologiquement d'être une femme, jusqu'au moment où elle cesse de pouvoir reproduire, elle est la propriété de quelqu'un. Ce quelqu'un, c'est toujours un mâle, son père d'abord, à défaut de celui-ci ses frères, en commençant par l'aîné, ou ses oncles, ou l'un de ceux que la loi romaine appelait des agnats. Elle appartient à son mari durant son mariage ; si le mariage est dissous, elle retombe sous l'autorité des agnats de sa famille ; s'il n'y en a plus, sous l'autorité d'un parent mâle du mari ; à défaut de tous ceux-là, la djemâà lui nommera un tuteur qui disposera d'elle.

Et le mot disposer doit être entendu dans son sens le plus large ; il signifie que la femme est véritablement la propriété des mâles qui viennent d'être désignés, et cela est si vrai qu'ils la vendent.

Ils la vendent de différentes façons, quelquefois

ils en cèdent l'usage à prix d'argent pour un temps limité; c'est proprement prostituer la femme. Nous avons parlé de la tribu des Guifcers, dans laquelle les parents ont coutume de tirer parti de leurs filles nubiles en les prostituant. Nous indiquerons encore d'autres cas et d'autres mœurs.

Et il faut bien remarquer ici que la prostitution n'emporte pour la femme kabile aucune idée de déshonneur, que celle qui y est livrée n'encourt de ce fait aucune réprobation, qu'elle n'est atteinte d'aucune tare. Une fille qui a été vendue en prostitution est ensuite vendue en mariage; cela coûte plus cher à celui qui l'achète. Mais celui-là non plus n'est l'objet d'aucune espèce de blâme de la part de ses concitoyens. J'ai connu et fréquenté un Kabile fort honorable, occupant une position officielle, qui avait épousé une fille des Guifcers, alors qu'elle était âgée d'environ dix-huit ans, c'est-à-dire que son père depuis quatre ans au moins la livrait à la prostitution. Pas un seul indigène n'en était le moins du monde scandalisé, ni même étonné. Cela n'avait aucune importance à leurs yeux.

Au surplus, dans les pays de civilisation orientale, il n'en va pas comme chez nous où les femmes constituent la partie la plus essentielle des réunions mondaines. Dans ces réunions, nos femmes exercent naturellement la critique des unes sur les autres; et il est tout simple que celles qui sont irréprochables jettent le blâme sur celles qui peuvent avoir une tare dans leur passé. Mais en Orient, les réunions sont exclusivement composées d'hommes, les femmes n'y paraissent pas; c'est une obligation de politesse de ne jamais parler d'elles; en quoi leur passé peut-il donc importer? Et nos célibataires, qui vivent au cercle, est-ce qu'ils se préoccupent du passé des maîtresses les uns des autres?

Cette observation ne s'applique pas seulement aux Kabiles, mais à tous les peuples de civilisation orientale, sans exception. Une courtisane, une danseuse, une geisha, devient la femme légitime de l'homme le plus honnête, le mieux considéré, le plus haut placé, et cet homme n'y perd absolument rien aux yeux des autres. Et cela résulte de ce que les femmes n'ont et ne peuvent prendre aucune part à la formation de l'opinion publique, dans tous les pays où règne cette civilisation.

Quand elle a acquis l'âge et certaines qualités nécessaires, la femme kabile est mariée par ceux qui exercent l'autorité sur elle, et ce mariage est véritablement une vente; le père, ou l'agnat quelconque, l'aceb en langue kabile, reçoit une compensation qui est exactement le prix de la femme. Un Kabile ne dit jamais : je viens de me marier; mais bien, je viens d'acheter une femme. Pour le père ou l'agnat, l'aceb, qui vend la fille en mariage, on dit de lui communément : il vient de manger de sa fille, ou de sa nièce, ou de sa sœur, etc, etc. La femme n'a aucun droit sur le prix qu'on a payé pour elle.

Mariée, bien entendu, la femme ne voit nullement ses droits s'augmenter : ses enfants ne sont pas et ne seront jamais à elle ; si elle est répudiée par son mari, cas très fréquent, ses enfants restent avec le père ; si la femme nourrit un enfant au moment où elle est répudiée, elle achèvera sa tâche de nourrice, et l'enfant, une fois sevré, retournera en la possession de son père. Répudiée par son mari, la femme ne retrouvera pas pour cela sa liberté ; elle retombe sous l'autorité de ses acebs, ou de ceux qui en tiennent lieu. Inversement, elle n'a pas le droit de répudier son mari et de divorcer à son profit à elle : cette action lui est refusée.

Et nous l'avons dit, ce n'est pas seulement par le mariage, ce n'est pas seulement par le travail honnête que les parents mâles, les acebs, tirent parti de la femme qu'ils ont sous leur autorité. Les mœurs de la plupart des tribus sont d'une immoralité déconcertante.

Les Kabiles sont généralement pauvres ; les jeunes gens parmi eux possèdent rarement une somme suffisante pour acheter une femme en mariage et la posséder à titre privatif. Alors ils en louent une pour un certain temps. Par exemple un jeune Kabile a été faire la moisson ou la vendange chez des colons français; il rentre au village avec de petites économies; il n'en a pas assez pour acheter une femme en mariage, mais il trouvera facilement un père, un frère ou un oncle ayant chez lui quelque parente, veuve ou répudiée et inutilisée pour l'instant. Il l'obtiendra en location, pour un prix convenu et pour un temps convenu.

Il est fréquent que n'ayant même pas assez d'argent pour avoir une femme temporaire à lui seul, le Kabile s'associe avec un ou deux de ses amis. Ils se cotisent et louent une femme qui pendant la durée convenue, leur servira de femme en commun. Ils sont ainsi plusieurs associés sur une femme. Cette pratique immonde est des plus fréquentes et on en trouve trace du reste dans d'autres pays musulmans. J'en ai, entre beaucoup d'autres, vu un exemple que voici :

Trois jeunes Kabiles s'étaient associés en commun pour une femme qui leur avait été livrée moyennant un prix payé d'avance et pour une durée de trois semaines. Ils l'avaient emmenée avec eux dans une grotte de la montagne. Au bout de dix jours seulement, l'aceb, l'agnat propriétaire de la femme vient la réclamer pour la marier en légitime mariage, en justes noces. Les trois occupants résistèrent, excipant de ce qu'ils avaient encore droit à la femme pendant plusieurs jours. Il y eut une querelle violente, on en vint aux voies de fait, et celui qui était venu réclamer la femme fut tué d'un coup de feu. La femme profita de la bagarre pour s'échapper et je ne sache pas qu'on l'ait retrouvée jamais. Elle aura été se perdre dans les bas-fonds de quelque ville. C'est un exemple entre mille. Tous ceux qui connaissent la Petite Kabilie pourraient en citer de pareils à foison.

Il est donc exact de dire que pour la femme kabile, au moins pour le plus grand nombre d'entre elles, la prostitution est un fait normal. Et ce qu'il faut remarquer, c'est que cela ne diminue pas sa valeur au point de vue du mariage. Une femme après avoir été vendue, revendue, avoir subi un nombre d'hommes illimité, n'en sera pas moins pour cela recherchée en mariage, si elle a, du reste, les qualités que le Kabile recherche dans sa femme.

Toutefois, il faut bien remarquer et dire très hautement que si la femme kabile est souvent prostituée par ses parents, jamais elle ne l'est par son mari. Le mari qui se conduirait ainsi se couvrirait de déshonneur aux yeux de ses compatriotes, l'existence lui serait rendue impossible dans son village. Il montre même beaucoup de jalousie à l'endroit de sa femme. J'ai toujours pensé que c'était une jalousie de propriétaire qui ne veut pas qu'on usurpe sur ses droits et qu'elle n'avait aucunement l'amour pour origine; mais elle existe, elle est même imposée par l'opinion ; un mari serait déshonoré s'il tolérait l'adultère de sa femme; il faut qu'il se venge en pareil cas, quand et comme il peut; j'en ai vu un qui avait frappé d'un coup de couteau sa femme, vieille et laide, qu'il ne faisait seulement que soupçonner. Il était tout fier de ce qu'il avait fait, et il était approuvé par tous ses voisins. Ce qui est assez fréquent, en revanche, c'est que deux maris kabiles échangent leurs femmes. Cette pratique est réprouvée par les lois et par l'opinion; elle n'en est pas moins assez suivie.

Mais si le Kabile ne prostitue pas sa femme, en revanche comme la traite-t-il?

Il la traite exactement comme une bête de somme.

Le Kabile est laborieux; il ne regarde pas le travail comme une peine infligée à l'homme, ni comme un déshonneur pour lui, et il travaille lui-même; aussi fait-il travailler sa femme ou ses femmes, et il use et abuse sans pitié de leurs forces, et même, quand le travail présente quelque danger, c'est par elles qu'il le fait exécuter. Dans les mois d'été, lorsque le soleil a desséché les prairies, qu'il ne reste plus un brin d'herbe à donner au bétail, on sustente celui-ci avec les plus jeunes pousses des frênes; le frêne est l'arbre du pays; il y croît vigoureusement. Pour récolter ces jeunes pousses, il faut grimper dans l'arbre; les Kabiles ne connaissent pas les échelles; ingénieux pourtant, ils n'ont pas pu inventer ou imiter cet instrument. Ce sont les femmes qui procèdent à cette récolte; c'est elles qui montent, la faucille à la main jusqu'au sommet des arbres, et se penchent sur l'extrémité des branches; si la femme tombe et souffre de sa chute, au moins n'a-t-on pas exposé la précieuse personne d'un mâle.

D'après la coutume et la loi, le mari kabile doit à sa femme de la nourrir et de la protéger, mais d'autre part, il a le droit de lui commander de façon absolue; il possède également sur elle le droit de correction dans toute son étendue; il peut la battre, même avec un bâton ou un fouet, et sans rendre compte à personne, sans faire connaître ses motifs. Le mari musulman a bien reçu, de par le Coran, le droit de corriger sa femme, mais seulement quand il en a des motifs certains et graves. Le mari kabile ne connaît pas cette restriction. Le seul droit qu'il n'ait pas sur sa femme, c'est de la tuer.

Et les maris kabiles sont très disposés à user de tous leurs droits. Ils ne sont guère retenus que par la crainte d'endommager la pièce la plus coûteuse de leur mobilier; ils le sont souvent aussi par d'autres préoccupations sur lesquelles nous reviendrons plus loin.

La femme kabile est donc à proprement parler

une sorte d'esclave. Tout au plus, peut-on la hausser au niveau d'une servante achetée.

Et les mérites que le Kabile recherche dans sa femme, ce sont justement ceux d'une servante. Il ne faudrait pas croire que la femme la plus demandée en mariage, celle qui est payée le plus cher, ce soit la plus jeune ou la plus belle, celle qui offre l'attrait de ses charmes ou de sa virginité; non pas; une femme a d'autant plus de valeur qu'elle a plus d'expérience du travail et du ménage; celle qui a été mariée déjà deux ou trois fois, qui a été formée de la sorte à tenir une maison, à faire la cuisine et à se livrer aux travaux domestiques, trouvera plus d'amateurs et sera vendue par ses parents plus facilement et plus cher qu'une toute jeune fille. Seuls, les quelques Kabiles riches ou aisés qui existent, se paieront le luxe d'une jeune et jolie femme, avec tous les risques que ce luxe comporte.

Il est certain aussi qu'il y a des exceptions à tout ce que nous venons de dire; les lois sont faites pour tous, mais tous ne les mettent pas en usage de la même façon. Nous avons décrit les usages de la masse du peuple; il y a, même en Kabilie, quelques individualités qui s'élèvent au-dessus de cette masse; il n'y en a pas assez pour constituer une aristocratie, pas même une classe dirigeante; cependant quelques rares familles possèdent le prestige d'une influence politique ou sociale héréditaire, ou d'une richesse transmise de père en fils. D'autres familles s'élèvent et s'ajoutent à celles-là. Si le mot n'était pas ridicule en la circonstance, on pourrait dire que c'est là le grand monde du pays ; et le grand monde n'a jamais nulle part tout à fait les mêmes préjugés, les mêmes besoins et les mêmes habitudes que le restant de la population. Mais il forme une exception dans la masse et on ne peut pas apprécier celle-ci sur des exceptions.

Cette situation inférieure et incertaine dans laquelle la femme se trouve tenue dans tous les pays musulmans, est pour eux une cause de ruine et de pauvreté domestique. Au point de vue de la facilité et de la fréquence des divorces, les Kabiles sont au niveau des autres peuples de leur religion, ni plus ni moins. Chez tous, c'est chose fréquente, presque normale, qu'une femme de 35 ou 40 ans, surtout dans les classes inférieures, a toujours eu quatre ou cinq maris, pour le moins ; c'est presque le retour à la promiscuité primitive. Très souvent, elle n'est pas seule, au foyer conjugal ; elle le partage avec une ou deux compagnes. Dans ces conditions-là, il est inévitable, qu'elle soit traitée en inférieure, en servante quand elle a cessé d'être traitée en objet de plaisir.

Tout naturellement, elle contracte vis-à-vis de

ses maris successifs, soit les habitudes d'une maîtresse entretenue, soit les habitudes d'une domestique. Maîtresse, elle gaspille; domestique, elle travaille peu et mal, sans intérêt pour la besogne qu'elle fait. Elle ne devient jamais une ménagère. Elle ne s'intéresse pas à la prospérité de la maison; elle ne s'attache pas à cette maison, à ce foyer; elle sait qu'elle en peut être exclue d'un moment à l'autre, qu'elle n'y est que comme un oiseau de passage. Elle le néglige donc. Or, quand il y a peu de ressources de fortune en pays barbare comme en pays civilisé, c'est sur l'économie de la ménagère que se fonde l'aisance et l'avenir de la famille. Comment la femme kabile, traitée en être absolument inférieur, en servante achetée, en chose humaine, peut-elle s'intéresser à la maison d'un mari momentané, qui ne lui assure aucun droit, aucune récompense du labeur domestique qu'elle aura accompli? Cette état de choses est pour beaucoup dans la pauvreté où se maintient la grande majorité du peuple Kabile. Ce peuple est intelligent laborieux, économe, doué de toutes les qualités sur lesquelles se fonde la prospérité économique; mais ces qualités restent en grande partie improductives, parce qu'elles ne sont mises en œuvre que par une portion de ce peuple, par la portion masculine; les femmes ne contribuent pas suffisamment à la prospérité du ménage et de la famille, et par suite, à celle du peuple tout entier.

* *
*

En présence de son mari, la femme kabile a pourtant un droit, un seul, mais il est très important: celui de se déclarer en révolte contre l'autorité du mari. Voici comment cela se pratique.

Quand une femme trouve que la situation est intolérable pour elle dans son ménage, elle déclare publiquement que désormais elle sera en état d'insurrection contre son mari; puis elle se sauve dans sa famille; le mari n'a pas le droit de l'en empêcher et la famille de la femme doit intervenir pour la défendre.

D'ordinaire, on entame alors des négociations qui aboutissent à un divorce; le cas où le mari promet de s'amender et donne des gages de ses promesses est tellement rare qu'il vaut autant n'en pas parler. Les parents de la femme doivent, en principe, restituer intégralement au mari le prix que celui-ci a payé sa femme. Ils essaient ordinairement de n'en restituer qu'une partie. Cela donne lieu à des négociations épineuses et interminables, jusqu'à ce que tout le monde soit satisfait.

J'ai toujours été d'avis que ce droit de la femme à se révolter contre son mari a été maintenu dans les lois kabiles parce que, au résumé, cette révolte tourne au profit des parents de la femme, de ceux qui ont le droit de la vendre. Très souvent, en effet, c'est la famille même de la femme qui incite celle-là à se révolter. Les faits se passent d'ordinaire ainsi qu'il suit :

Un père a vendu pour trois ou quatre cents francs, je suppose, sa fille à peine pubère, treize ou quatorze ans. Quand elle est restée mariée pendant trois ou quatre ans, qu'elle a acquis l'expérience d'une ménagère, sa valeur a augmenté. Alors le père, par tous les moyens dont il peut disposer exerce une pression sur sa fille; il arrive à la décider, elle s'insurge contre son mari, et rentre dans sa famille; on en arrive à la dissolution du lien conjugal. Même si le père est obligé de rendre intégralement les quatre cents francs qu'il a reçus de son premier gendre, il y gagne encore, car il revendra certainement sa fille beaucoup plus cher à un second. Le plus souvent, ce second mari est tout trouvé, le marché est conclu d'avance entre le père et lui. Cette pratique est d'un usage tout à à fait ordinaire et courant.

Cependant, il se présente aussi qu'une femme se mettre vraiment et d'elle-même en état d'insurrection contre son mari ; mais dans ce cas-là, elle ne rentre guère dans sa famille que si elle ne peut pas faire autrement; d'ordinaire, elle se sauve, elle va vivre avec quelque troupe de malfaiteurs, rôdeurs ou bandits dont elle devient la femme commune, ou bien elle disparaît dans les lieux mal famés de quelque ville.

En résumé, en présence de son mari, la femme

kabile n'a qu'un seul droit : celui de se révolter.

En présence de ses parents mâles, elle n'a pas de droits du tout. Bien entendu, ses parents du sexe féminin ne comptent pas.

Même en présence de ses enfants, elle est sans autorité, sans prestige; elle n'a ni leur respect, ni leur amitié. Les fils, surtout, n'ont aucune considération pour leur mère; ils ne tiennent d'elle aucun compte. Et pourtant, il est écrit dans le Coran : « Il m'a recommandé de faire la prière et l'aumône, *d'être pieux envers ma mère* » (chap. 19 versets 32 et 33). Mais sur ce point-là, non plus, les Kabiles ne font aucun cas du livre sacré.

Et cette situation dure pour elle tant qu'elle reste en âge d'être femme, aussi longtemps qu'elle représente une valeur vénale.

Quand elle est vieille, décrépite, hors de tout sexe, qu'il n'est plus du tout possible qu'elle serve de femme, alors il arrive quelquefois qu'elle peut se créer une certaine indépendance et posséder un petit avoir. Il faut pour cela qu'elle n'ait plus de mari, qu'elle soit veuve ou divorcée On ne s'occupe plus d'elle; elle profite de cette indifférence; par son industrie, licite ou illicite, elle se procure un petit pécule, et voilà l'exception que nous avons signalée au début. Ce pécule, elle a le droit de propriété sur lui. La loi de la plupart des tribus l'y autorise; elle est même autorisée à le transmettre à ses héritiers qui ne peuvent être en ce cas-là que des femmes. Les mâles n'en héritent pas. Grande dérogation à la règle générale, mais dérogation un peu théorique; il n'y a guère que les courtisanes dans les villages où elles sont organisées en une sorte de corporation qui arrivent à en profiter complètement. Dans les autres cas, si la vieille femme kabile parvient à conserver pour elle-même sa vie durant, ce qu'elle a amassé, à sa mort, il est bien rare que les mâles de sa famille ne s'en emparent point, sans rendre de comptes à personne.

Et tout ce qui a trait à cette situation de la femme kabile, cette habitude de la vendre, de la priver de tout droit, paraît tenir à l'essence même de l'esprit berbère. Il y a en Algérie des tribus kabiles qui ont été complètement subjuguées et assimilées par la conquête arabe; elles ont depuis longtemps oublié leurs libres constitutions; ce n'est plus la djemâa qui gouverne chez elles; elles ont oublié leur langue particulière, elles ne parlent plus que l'arabe; elles ont seulement continué à habiter dans des maisons, au lieu de vivre sous la ente. Dans ces tribus-là, l'état de la femme est encore celui de la femme kabile. Le mari continue à dire : « J'ai acheté une femme », et il l'achète en effet; le père dit toujours : « J'ai mangé de ma fille », et l'état juridique et social de la femme n'est même pas encore au niveau de celui de la femme arabe.

*
* *

Dans toute la Kabilie, grande ou petite, il n'existe pas un seul enfant naturel, un seul dont il soit impossible de désigner le père légitime. Après tout ce que nous avons dit des mœurs du pays, il est inutile d'ajouter que ce n'est pas là un indice de la bonne conduite des femmes, Mais il est bien probable que c'est un résultat de la privation absolue de tout droit dans laquelle elles sont maintenues.

Quand une fille non encore mariée vient à accoucher, et le cas est encore assez fréquent, toujours l'enfant est mis à mort dès sa naissance; très souvent, la mère a le même sort en même temps que lui, à moins qu'elle n'ait été tuée dès que sa grossesse est devenue manifeste. La répression de ces crimes qui sont nombreux est presque impossible. Tout le monde tient à honneur et à intérêt de les cacher. On ne les découvre que lorsqu'ils ont été commis par des individus sans amis, sans alliés, sans considération, et dont la tribu a intérêt à se défaire. J'en ai eu sous les yeux un exemple horrible, entre plusieurs.

Dans une misérable masure d'un village kabile vivait une veuve, vieille, décrépite, ne se rattachant plus à aucune famille, n'ayant même plus un parent mâle, un aceb dont elle put se prévaloir, ayant peine à subsister grâce aux pauvres ressources de son travail et aux secours de la djemââ. Elle avait avec elle sa fille, âgée de dix-sept à dix-huit ans et dont la situation était affreuse; elle était aveugle de naissance et affligée de crétinisme. Malgré cet état, elle arrivait à sortir dans les ruelles du village et à y retrouver son chemin. Un jour, un misérable abusa d'elle. Elle devint enceinte. Quand la vieille mère fut certaine de la grossesse, elle n'eut aucune hésitation : pendant que sa fille dormait par terre, la tête appuyée sur un morceau de bois, elle s'arma d'une lourde pierre et à coups répétés, elle fracassa la tête de la pauvre infirme. Cette vieille femme avouait sans embarras et sans regrets l'action qu'elle avait commise. Elle la jugeait parfaitement légitime et il est incontestable qu'elle lui était commandée par les préjugés et même par le point d'honneur qui régnaient autour d'elle.

Pour les femmes qui ont eu un mari, qu'elles soient veuves ou divorcées, elles échappent à ces rigueurs. Elles ont trouvé, de tout temps, un moyen de s'excuser, tout à fait invraisemblable, mais ingénieux et absolument reconnu.

Tous les indigènes de l'Algérie, Arabes ou Kabiles, et je crois bien presque tous les musulmans de tous les pays du monde admettent, qu'une femme peut accoucher plusieurs années après la dissolution de son mariage sans que pour cela l'enfant cesse d'être l'enfant légitime du mari défunt ou divorcé. Ils reconnaissent comme un fait scientifiquement exact que l'enfant, conçu pendant le mariage des œuvres du mari, peut, à un certain moment de son existence intra-utérine, cesser de se développer, sans pour cela cesser de vivre ; puis, qu'à un autre moment, qui n'est pas plus déterminé que le premier, il peut reprendre son développement normal et arriver enfin à terme. On dit que l'enfant s'est endormi dans le sein de sa mère. Et de cette façon, l'enfant qu'une femme met au monde deux ou trois ans après la mort de son mari compte comme héritier légitime de ce mari.

Cela n'est pas reçu comme une simple présomption de la loi, mais comme une vérité certaine et indiscutable. Des hommes même éclairés, même intelligents y croient sincèrement et fermement. Il paraît impossible de les convaincre qu'ils sont dans l'erreur.

Un magistrat français vit un jour amener devant lui une femme kabile accusée d'infanticide ; l'accusation, du reste, fut reconnue fausse ; elle était due à une intrigue. Cette femme, restée veuve non remariée, avait accouché plus de trois ans après la mort de son mari. Elle affirmait cependant que l'enfant avait été conçu par elle pendant le mariage, mais qu'il s'était endormi ; les autorités indigènes qui se trouvaient là, le caïd, les Kebars de djemâa et même l'interprète, qui depuis plus de vingt ans était au service de la justice française, tous acceptaient comme une vérité incontestable cette déclaration de la femme ; ils affirmaient que sur ce point-là du moins, elle ne mentait pas.

Le juge français était abasourdi d'entendre de pareilles sottises ; il s'efforçait de convaincre ses interlocuteurs de l'erreur qu'ils commettaient. Impossible. Enfin, s'adressant à la femme, il lui posa la question suivante : « Tu as accouché au mois d'octobre ; eh ! bien, je sais qu'au mois de janvier, tu as eu des relations intimes avec Messaoud. — Non, répondit-elle ingénûment, ce ne fut pas avec Messaoud, ce fut avec Abdallah. » Tout triomphant, le juge se tourna vers les indigènes : « Eh ! bien, vous le voyez maintenant ; nous connaissons le véritable père ; c'était Abdallah et non pas le mari défunt. Je vous l'avais bien dit. » Mais il fut stupéfait de voir que pas un de ces braves indigènes n'avait changé d'opinion. L'aveu même de la femme ne les avait pas dissuadés. Ils continuèrent d'affirmer que malgré l'intervention d'Abdallah en temps opportun, c'était bien le mari défunt qui était le père de l'enfant, selon la loi et selon la nature.

Il me paraît certain que ce préjugé ridicule, aussi bien que l'habitude de sacrifier les enfants des filles-mères, s'appuient au fond sur la négation des droits et des pouvoirs de la femme en ce qui concerne l'autorité sur les enfants. Si un enfant n'avait d'autre parent, pas d'autre ascendant que sa mère, à qui appartiendrait l'autorité sur cet enfant? Qui aurait le droit de l'élever, de le diriger, d'en profiter? Il n'y aurait évidemment que sa mère, comme cela se produit dans les législations qui reconnaissent la filiation naturelle. Il faudrait donc admettre que, dans certains cas, une femme pourrait jouir des prérogatives de chef de famille, tout comme un homme. C'est là ce que des Kabiles, et en général, des gens de civilisation orientale, n'admettront jamais. Et ils aimeront mieux laisser cours à une absurdité de laquelle il résulte souvent des complications inextricables et dangereuses, en matière de succession et de partage, mais absurdité qui a cet avantage de maintenir le sexe féminin sans exception dans son infériorité radicale.

*
* *

A lire cette triste et véridique description de l'état social et légal des femmes kabiles, on devrait croire que ces femmes sont réduites à un état d'abaissement intellectuel qui égale ou dépasse leur abaissement dans la société ; qu'elles n'ont plus ni intelligence, ni volonté, que le ressort de toute énergie est brisé chez elles, qu'elles sont ravalées, réduites à néant, semblables aux bêtes de somme aussi bien par le cœur et l'esprit que par la situation. Il n'en est rien du tout. C'est même exactement le contraire. Ces femmes sont énergiques, volontaires, tenaces, et elles déploient en toute occasion des qualités d'intelligence, de ruse et d'audace égales, peut-être même plus vigoureuses encore que celles des hommes de leur peuple. Elles sont toujours des servantes; mais partout il y a des servantes maîtresses, et les femmes Kabiles sont de celles-là.

Elles ont des qualités incontestables, comme tous les individus de leur race; elles sont laborieuses, économes, avisées. Les sentiments de famille sont développés chez elles; elles honorent leurs parents, peut-être les aiment-elles; elles sont bonnes mères; elles manifestent pour leurs enfants moins de tendresse que ne le font les pères, mais je crois que ce n'est pas la faute des femmes; cela vient de ce que le père accapare pour lui ses enfants; surtout les fils; qu'il refoule et réprime les manifestations d'amour de la mère; abandonnée à sa propre impulsion, celle-ci, serait, je n'en doute pas, une mère excellente de touts points.

Cette énumération faite, il ne reste, je crois, rien à dire des qualités de la femme Kabile. Pour les vertus que nous considérons comme l'apanage et l'ornement du sexe féminin, la douceur, la bonté, la retenue, et particulièrement la pudeur et la chasteté, il n'en faut point parler. Elles ne soupçonnent même pas ce que cela peut être.

Pour leurs maris ou leurs amants, elles sont d'une indifférence de cœur absolue; elles n'ont rien de ce qui ressemble à du sentiment, à de l'élan cordial, à de la tendresse. Pour conquérir les hommes, elles ne comptent absolument que sur la sensualité. Aussi leur dévergondage est-il poussé à un point invraisemblable, et la dissolution de leurs mœurs touche à l'extrême limite du possible. Elles pratiquent tous les vices de l'érotisme le plus effréné, et cela leur paraît tout simple. Elles ne voient là que l'exercice normal de leurs facultés, la fonction *naturelle* de leur existence. Elles n'en éprouvent aucune honte, elles sont sans vergogne.

Je vis un jour amener une toute jeune femme qui avait été arrêtée parmi une troupe de cinq ou six maraudeurs. Bien lavée, décrassée, elle était assez avenante, avec de bonnes joues rougeaudes, de gros yeux noirs étonnés et naïfs ; elle ressemblait pas mal à une de ces petites paysannes comme on en voit chez nous à foison. On l'interroge en ma présence; je transcris ses réponses, en adoucissant énormément bien entendu la crudité des termes qu'elle employait.

— J'ai quatorze ans. — Pourquoi t'es-tu sauvée de chez ton père? — Je ne me suis pas sauvée de chez mon père, mais de chez mon mari. — Pourquoi? Est-ce qu'il te maltraitait? — Non, il ne me battait pas et me nourrissait suffisamment; mais j'avais envie de m'amuser avec des hommes. — Et tu t'es amusée avec les cinq qui ont été pris en même temps que toi? — Oui, avec ceux-là et encore avec d'autres. — Combien d'autres? Je ne sais pas; avec beaucoup. — Comment s'appelaient-ils? — Je ne sais pas, j'ai oublié leurs noms.

Elle se les rappelait parfaitement; mais jamais une femme indigène ne livre le nom d'un de ses amants. C'est leur secret professionnel. Elles l'observent très bien.

La jeune femme en question avait répondu du ton le plus simple, le plus naturel, sans hésitation, sans embarras, on pourrait dire avec innocence. Elle ne manifestait pas la moindre honte. Un animal, une chèvre ou une chienne qui aurait été douée de la parole, aurait, je suppose, montré la même tranquillité et la même insouciance. Bien évidemment, elle avait vu toutes les femmes autour d'elle en faire autant. Et en effet à l'occasion, elles font toutes de même.

Comment en serait-il autrement? Les femmes, dès leur extrême jeunesse sont vendues, revendues, passent d'un homme à un autre, sans que jamais on se soucie de savoir si elles ont une âme, un cœur, un sentiment. Elles sont traitées non comme des femmes, mais comme des femelles. Elles deviennent ou restent des femelles, et tout ce qui peut se développer en elles, c'est le côté bestial de leur nature. Et cette bestialité se développera d'autant mieux que les femmes kabiles n'échappent point à la règle humaine universelle qui veut qu'en tout pays les femmes en toutes choses vont toujours aux extrémités de ce qu'elles font.

Et puis peut-être, étant donnés les hommes auxquels elles ont affaire, cette bestialité qui nous répugne est-elle pour elles l'arme la plus efficace dont elles puissent user pour se défendre. C'est grâce à cela qu'elles leur plaisent, qu'elles les attirent, qu'elles les dominent quelquefois, et que quelquefois et quelques instants elles peuvent s'élever hors de l'oppression qui les accable.

Je ne veux pas dire que dans toute la Kabilie il soit impossible de trouver une femme qui soit une femme comme nous le comprenons, ou tout au moins quelque chose d'approchant, qu'il n'y ait pas certains maris dans ce pays-là, qui aient de la considération pour leurs femmes et qui prisent en elles des qualités élevées, qui ne s'attachent pas uniquement aux qualités de la servante et de la femelle. Je ne dis pas que certaines femmes kabiles ne s'élèvent pas au-dessus du caractère que je viens de tracer, et qu'elles ne fassent pas apprécier des qualités morales, ou des vertus dont elles sont pourvues. Mais ce sont là des exceptions rares, sur lesquelles on ne peut pas porter un jugement d'ensemble. En tout cas, les maris kabiles qui traitent leurs femmes avec honneur, méritent une mention toute spéciale ; ils sont au-dessus des mœurs générales et ils abandonnent volontairement les droits qu'ils tiennent de la loi.

Mais le plus souvent ceux qui respectent leur femme ne le font pas par un sentiment d'aussi forte générosité. Quand une femme Kabile n'est pas absolument dépourvue de tout moyen de plaire à d'autres hommes que son mari, celui-ci vit dans la crainte permanente d'être assassiné s'il ne se comporte pas convenablement avec elle. Toujours en effet elle trouvera pour faire tuer son mari, un assassin qu'elle paiera simplement en se livrant à lui. Se livrer à un homme, c'est si peu de chose pour une femme Kabile. Et l'assassin de son côté, aura double plaisir ; celui d'avoir la femme, celui de tuer le mari ; et c'est peut-être bien le second qu'il trouvera le plus vif.

Je n'étais pas dans le pays depuis quinze jours que je vis se dérouler les faits que voici : Un kabile avait deux femmes ; une un peu âgée, environ quarante-cinq ans ; l'autre jeune, vingt ou vingt-deux ans. Scrupuleux observateur des ordres du Prophète, il couchait ponctuellement une nuit avec l'une, une nuit avec l'autre. Il était couché avec la plus jeune, quand il se réveilla, et ne trouva pas sa femme à côté de lui. Elle n'était pas dans la maison. Il sortit, et dans un petit ravin tout près de là, il la trouva en conversation avec un homme. Il ne paraît pas que l'attitude des deux interlocuteurs fût à ce moment là particulièrement suspecte.

L'homme s'enfuit avant que le mari put le voir. Ce dernier fit rentrer sa femme, et ainsi que la loi l'y autorisait, il lui appliqua à coups de canne, une correction qui pouvait paraître méritée. La jeune femme ne protesta pas. Mais à quelques nuits de là, comme le mari était endormi à côté de sa femme la plus vieille, la porte de la maison fut enfoncée, et plusieurs coups de feu étendirent raide mort le mari et blessèrent grièvement la femme avec laquelle il se trouvait. Il fut établi sans contestation possible que l'assassinat avait été commis par l'amant de la jeune femme, assisté d'un bravo dont il s'était procuré le concours à prix d'argent. La Cour d'assises de Constantine les condamna tous les deux. La complicité morale de la jeune femme était certaine, sa complicité légale resta douteuse ; elle échappa aux poursuites.

Les faits de cette nature ne sont pas rares. Tous ceux qui connaissent les mœurs des indigènes peuvent en témoigner. On raconte aussi que les femmes arabes et kabiles empoisonnent les maris dont elles sont mécontentes. Elles auraient toute facilité pour le faire, en mettant du poison dans les mets qu'elles préparent, puisque ce sont elles seules qui font la cuisine. Je ne crois pas beaucoup à ces histoires d'empoisonnement. Le sol de l'Algérie n'est pas riche en produits toxiques et les indigènes, hommes et femmes, sont trop ignorants pour savoir fabriquer ou se procurer des poisons efficaces.

Il n'en reste pas moins qu'un mari kabile, s'il ne veut pas s'exposer à de graves dangers, doit être fort prudent dans sa conduite avec sa femme, ou avec ses femmes.

Je viens de dire avec ses femmes. C'est la croyance générale que le Kabile est monogame, et que, s'il change de femmes par suite de la facilité du divorce ou de la répudiation, du moins n'a-t-il jamais qu'une seule femme en même temps à son foyer, c'est encore là une erreur complète.

Il est exact que la plupart des Kabiles n'ont qu'une seule femme en même temps, mais c'est uniquement parce qu'ils ne sont pas assez riches pour en acheter plusieurs. Nous avons vu que certains d'entre eux sont obligés, faute d'argent, d'avoir des femmes temporaires, même de se partager une femme louée à frais communs. Aussitôt qu'il a les ressources nécessaires, le Kabile achète une femme définitive, et pour lui seul. S'il a plus de ressources encore, il en achète deux en même temps. Il va rarement au delà, et je ne crois pas avoir jamais vu plus de deux femmes légitimes à la fois, au même foyer conjugal. Cela tient au mauvais caractère et à la méchanceté de ces femmes. Tout ce que le mari Kabile le plus énergique et le plus expert peut obtenir, c'est de maintenir la paix entre deux femmes au plus. Encore y parvient-il rarement et péniblement. Trois, ce serait impossible. Elles se disputent, s'injurient, se battent et rendent au mari l'existence intolérable.

Car elles sont violentes, hargneuses, injurieuses. J'ai assisté à nombre de scènes odieuses et ridicules dans lesquelles les maris ne jouaient pas un rôle très brillant. Leurs femmes les insultaient, se moquaient d'eux; elles leur prodiguaient les mots les plus outrageants, les épithètes les plus grossières, les plus ordurières, les appellations les plus infamantes. Les maris ne répondaient pas grand chose. Peut-être n'attachaient-ils pas d'importance à des propos de femmes. Mais certes, des maris européens auraient montré moins de patience. Peut-être aussi des maris européens n'auraient-ils pas eu comme ceux-là la hantise d'être assassinés par leurs tendres épouses et par les complices de celles-ci.

Voilà donc la situation de la femme Kabile : d'après la loi, les préjugés, les mœurs, elle n'est rien qu'une chose humaine. Elle arrive à s'affranchir en partie, à se relever, à sortir violemment de cette situation ravalée; elle se fait compter pour quelque chose. Elle ne se fait pas respecter, elle se fait craindre; ce n'est pas par ses vertus qu'elle se redresse, c'est par ses vices. Traitée en bête, elle devient bête féroce. Elle est plus barbare que l'homme contre lequel elle lutte, auquel elle parvient à résister, qu'elle arrive quelquefois à dominer.

Et si le niveau de la civilisation s'évalue, pour un peuple, au traitement qu'il réserve à la femme, nous sommes obligés de convenir que le peuple Kabile en est resté au niveau le plus bas de la barbarie.

Table des matières.

Coulommiers. — Imp. DESSAINT et Cie